Jetzt wird gesnackt!
Vollwertig-tiereiweißfreie bis vegane Leckerlis
für zwischendurch
Ute-Marion Wilkesmann
Barbara Sedelmaier

Jetzt wird gesnackt!
Vollwertig-tiereiweißfreie bis vegane Leckerlis für zwischendurch

Ute-Marion Wilkesmann
Barbara Sedelmaier

Bibliografische Information Der Deutschen Bibliothek:
Die Deutsche Bibliothek verzeichnet diese Publikation in der Deutschen Nationalbibliografie; detaillierte bibliografische Daten sind im Internet über <http://dnb.ddb.de> abrufbar.

© 2013 Ute-Marion Wilkesmann und Barbara Sedelmaier
Design: Ute-Marion Wilkesmann; Fotos: die Autorinnen
Lektorat: Petra Arnemann, Anna Baranski, Eric Mark Charlton, Barbara Witte
Herstellung und Verlag:
BoD – Books on Demand, Norderstedt
ISBN 978-3-7322-6278-6

Inhaltsverzeichnis

Einleitung

Was will denn dieses Buch?

Vor Ihnen liegt ein schlichtes Buch: kaum Fotos, ein klares Layout ohne Firlefänzchen, wo Sie die Schrift noch lesen können, weil sie nicht mit doppeltem Zeilenabstand auseinander gerissen wurde ;-)

Die Fotolosigkeit hat noch einen Grund: Farbfotos sind teuer, wenn man in einem Verlag wie BOD (fast ein Selbstverlag) veröffentlicht. Teuer für die Käufer! Um ein Buch, das aus einem normalen Verlag reicht bebildert mit einem Preis von ca. 25 Euro auf den Markt kommt, in BOD ein entsprechendes Buch herauszubringen, müsste der Käufer ein Vielfaches bezahlen. Schwarz-weiß-Fotos, das weiß ich aus Erfahrung, werden nicht akzeptiert. Daher haben in diesem Buch nur die Kapitelanfänge ein markantes Foto. Ein bisschen was fürs Auge muss sein. Wer aber mehr sehen möchte, kann das auf dem Blog mit URL http://vollwertband1.wordpress.com tun.

So gerne wir beiden Autorinnen unsere Rezepte weitergeben, so ist das Erstellen eines Buches mit enormem Aufwand verbunden. X mal muss es Korrektur gelesen werden. Das ist nicht wirklich reizvoll, wir versuchen diesen Aufwand zu minimieren. Natürlich haben dieses Buch auch Lektorinnen gelesen, aber rein auf Rechtschreibung und Konsistenz von Zutaten und Rezeptbeschreibung. Natürlich haben wir das Buch sorgfältig zusammengestellt. Aber es kann schon mal sein, dass der eine oder andere Vorgang unterschiedlich dargestellt wird. Oder wir verweisen auf den Kapitelanfang.

Praktisches zu den Gerichten

Geräte

Wir beide verwenden in unseren Haushalten verschiedene Geräte. Da unsere Rezepte immer Protokolle sind – d.h. wir schreiben auf, was wir beim Kochen gerade tun –, habe ich früher auch immer die Geräte aufgeführt, die ich benutze. Dies haben manche Leser missverstanden, so als könnten sie die Rezepte nur mit diesen Geräten nachempfinden. Ich weise dann gerne darauf hin, dass praktisch alle Kochbuchautoren Profigeräte verwenden, das aber nicht erwähnen und uns arme Leser im Glauben lassen, wir könnten mit einem Haushaltspürierstab glatte Cremes zaubern.

Einige Sachen, das stimmt, lassen sich nur mit einem teuren Gerät nachmachen, z.B. das Eis ohne Sahne - das geht nur in einem Hochleistungsmixer, der mehrere Hundert Euro kostet oder mit einer Eiskompressormaschine, die immerhin auch bei etwa 200 Euro liegt (Stand: 2013). Dennoch ist dies kein Kochbuch für Reiche, denn es drängt sich der Gedanke auf: Ach ja, der neueste Fernseher, der darf mal gerade ein paar Hundert Euro kosten, aber so ein Mixer muss für 99 Euro alles können? Man muss eben wissen, wo man seine Prioritäten setzt. Bei uns sind sie nun mal eher in der Küche als beim neuesten Flachbildschirm.

Einen Thermomix kann man nicht ersetzen, es gibt keine gleichwertigen Geräte zum TM31. Aber mit ein bisschen Phantasie können Sie auch solche Rezepte nachkochen. Für dieses Buch ist er nicht unverzichtbar, er lässt sich in diversen Schritten auch mit anderen Geräten nachempfinden und kommt hier auch nur in wenigen Rezepten vor.

Ein Hörncheneisen ist ebenfalls für ein ganzes Kapitel erforderlich. Die gibt es manchmal beim Discounter sehr preiswert, wir haben uns beide ein Markengerät gekauft.

Für uns in der Küche unverzichtbar ist der preiswerte Mr. Magic (baugleich mit Magic Maxx oder auch Personal Blender). Im Text steht „kleiner Mixer", denn es gibt mittlerweile auch Aufsätze für große Küchenmaschinen, die vermutlich die gleiche Leistung erbringen. Wer nur einen Pürierstab besitzt, kann sich damit versuchen.

Als überzeugte Vollwertlerinnen mahlen wir unser Getreide immer selbst. Die Rezepte können Sie genauso gut auch mit fertig gekauftem Mehl herstellen. Sie sollten dann nur austesten, ob die Flüssigkeitsmengen anders sind. Es heißt, dass die gekauften Mehle bzw. Auszugsmehle weniger Flüssigkeit benötigen als selbst gemahlenes Mehl. Da es leichter ist, Flüssigkeit im Nachhinein einzuarbeiten, fangen Sie in einem solchen Fall besser mit 10 % weniger Wasser an.

Zutaten und Zubereitung

Wer über die eine oder andere Zutat stolpert, sollte einmal in die Austauschtabelle am Ende schauen. Dort sind alle „ungewöhnlichen" Zutaten aufgelistet: entweder mit einem Verweis darauf, wie sich diese Zutat herstellen lässt, oder aber mit einer Erklärung, was es ist und womit wir es möglicherweise ersetzen können.

Allgemeines

Alle Rezepte sind, wenn nicht anders angegeben, für 1 Person mit kräftigem Appetit gekocht. Es gibt heute deutlich mehr Single-Haushalte als zu den Zeiten, als die ersten Kochbücher geschrieben wurden. Außerdem ist es deutlich einfacher, Zahlen zu multiplizieren als zu dividieren: 350 g mal 2 oder 3 haben wir auch schnell im Kopf ausgerechnet, bei 350 g durch 2 oder 3 muss man länger nachdenken und dabei können ganz leicht Fehler entstehen. Bei Dingen wie Plätzchen oder Cracker sind solcherlei Angaben sowieso hinfällig.

Salz ist immer Meersalz, jod- und fluorfrei, und ohne Rieselstoffe. Honig ist kalt geschleudert. Als Speiseöle – außer zum Braten – verwenden wir ausnahmslos kalt gepresste, native Öle.

Auf Angaben von Arbeitszeiten und Schwierigkeitsgraden haben wir verzichtet, da sie individuell unterschiedlich sind. Außerdem sind unsere Rezepte durchweg schnell herzustellen und einfach sowieso.

Die Reihenfolge der Rubriken haben wir spontan gewählt. Innerhalb einer Rubrik haben wir grob eine alphabetische Reihenfolge eingehalten, wenn aber am Ende einem noch ein prima Rezept einfiel, haben wir es einfach angehängt. Grundsätzlich aber haben wir die Rezepte auch so sortiert, dass der Platz optimal ausgenutzt ist. Dass alle Rezepte vollwertig und vegetarisch sind, haben wir nicht dazugeschrieben. Viele Rezepte sind bis auf die Süßigkeiten vegan, abgesehen von der Verwendung von Honig. Auch hier haben wir häufig auf einen Extrahinweis verzichtet, weil er keine wirkliche Übersichtlichkeit bringt. Veganer können Honig durch Dattelpaste (50 g Datteln auf 75 g Wasser im Mixer pürieren) oder durch rohen Agavendicksaft oder Ahornsirup (1:1) ersetzen, die allerdings nicht vollwertig sind, also einen Kompromiss darstellen. Falls Veganer sich an dem einen oder anderen Rezept mit Butter oder Sahne stoßen: Da geben wir – als tiereiweißfreie Vollwertler nach Bruker – einen Tipp: Vergessen Sie dieses Rezept oder denken Sie sich eine andere Variante aus. Es gibt unserer Erfahrung nach in jedem Kochbuch Rezepte, die einem nicht zusagen.

Zutaten geben wir außer bei kleinen Mengen wie Esslöffel oder Teelöffel meist grammgenau an. Das hat für Anfänger Vorteile. Denn: Wie groß ist ein großer Apfel? Wie klein eine kleine Möhre?

Flüssigkeiten geben wir überwiegend in Gramm und nicht in Millilitern usw. an. Das liegt daran, dass Messbecher für den Haushalt meist ungenau sind und die Füllmenge in der Eile schlecht einzuschätzen ist. Bei manchen Rezepten ist es aber schon wichtig, nicht einen dicken Schwupps Wasser hinzuzufügen, sondern eben die genaue Menge.

Verwendete Abkürzungen:

Wir verwenden die üblichen Abkürzungen wie

EL (Esslöffel)
g (Gramm)
geh. = gehäuft
gem. = gemahlen
getr. = getrocknet
kg (Kilogramm)

LS = Löffelspitze eines Teelöffels
MS = Messerspitze
TL = Teelöffel.
Bitte beachten: 1 EL Flüssigkeit = etwa 10 g

Für Schweizer Leser:

In Deutschland ist ein Topf das, was die Schweizer als „Pfanne" bezeichnen, die deutsche Pfanne wiederum ist in der Schweiz eine „Bratpfanne". Wichtig ist dies vor allem in Rezepten, wo steht, dass in der trockenen Pfanne geröstet wird.

Copyright

Letztlich berichtete mir eine Leserin freudestrahlend, auf Rezepten läge kein Copyright. Hmmmm. Erst einmal habe ich das anders gelesen: Auf den Zutaten liegt (naturgemäß) kein Copyright, wohl aber auf der Formulierung der Zubereitung. Viele nehmen das zum Anlass, Rezepte minimal zu ändern und ansonsten einfach kopiert als eigenen Erguss vorzustellen. Rechtlich ist dagegen nichts zu sagen.

Wir als „kleine Autoren" sehen das etwas differenzierter. Wenn wir zum Beispiel etwas entwickeln, was es so noch nicht gegeben hat – wie die Brätzeli aus dem Hörncheneisen, die Schokolade aus dem Vitamix –, da schauen wir nicht so gerne, wie dies in Foren und anderen Kochbüchern mehr oder weniger geändert als deren Autoren eigenes Gedankengut „verkauft" wird. Tut es denn wirklich so weh zuzugeben, dass man sich woanders umgelesen hat? Wir geben gerne an, wo wir dazu gelernt haben. Das tun wir erst einmal aus Respekt demjenigen gegenüber, der ja Zeit, Arbeit und auch Geld investiert hat. Und zum anderen leuchtet doch unsere eigene Leistung dann viel stärker.

Wir beide schenken mit unseren Blogs bzw. der Webseite fast täglich den Lesern Rezepte. Wir freuen uns, dass die überwiegende Anzahl unserer Leser unsere Arbeit dementsprechend als geistiges Eigentum honoriert.

Noch Fragen?

Bei Fragen zu den Rezepten gibt es die Telefonstunde (in der Regel dienstags von 18:30 bis 19:30 Uhr; Details über die Homepage http://www.vollwertkochbuch.de). Sollten Fehler in diesem Buch stehen, freuen wir uns, wenn wir Korrekturen erhalten. Eine eventuelle nächste Auflage kann dies bereinigen!

Wir wünschen allen Lesern und Leserinnen so viel Freude beim Zubereiten, wie wir sie beim Kochen, Essen und Zusammenstellen dieses Buchs hatten. Und außerdem: GUTEN APPETIT!

Remscheid & Augsburg, Oktober 2013

Ute-Marion Wilkesmann & Barbara Sedelmaier

Eiscreme

Eis bereite ich nur noch mit dem Vitamix vor. Ich habe nicht alle auf dem Markt verfügbaren Hochleistungsmixer getestet. Aus meiner Erfahrung kann ich aber sagen, dass ich bisher kein anderes Gerät in der Küche hatte, mit dem ich Eis ohne Sahne und ohne Honig so glatt und sagenhaft cremig herstellen kann. Ein solches Eis braucht sich hinter keinem Eis aus dem besten italienischen Eiscafé zu verstecken.

Das Grundrezept für dieses Eis lautet: Etwas Obst (am besten eine Banane), Nüsse und evtl. ein bisschen Flüssigkeit auf höchster Einstellung pürieren (Stufe 1). Dann gefrorenes Obst und/oder Eiswürfel hinzugeben (Stufe 2) und mit dem Stößel auf höchster Einstellung mixen, bis sich eine cremige Konsistenz ergibt. Das Eis ist in der Regel optimal, wenn sich oben auf der Masse eine Art Raute bildet.

Bei anderen Hochleistungsmixern empfehle ich, erst einmal ein wenig zu probieren. Manche Blender (= englisches Wort für Mixer) haben ein Eisprogramm (funktionierte bei mir nicht, aber vielleicht haben andere ein besseres Händchen?), andere eine Pulsfunktion, die sich hierbei als nützlich erweisen kann.

Für die Ernährungsbewussten vielleicht interessant: Es empfiehlt sich, immer einige Nüsse zu der Masse zu geben, wenn keine Sahne verwendet wird. Damit wird dafür gesorgt, dass trotz des raschen Verzehrs des cremigen Eises der Insulinspiegel nicht emporschnellt, sondern allmählich ansteigt. Zusätzlich sorgen Nüsse für eine cremige Konsistenz, wobei auch Bananen helfen. Wer gar keine Bananen mag, sollte mit Nussmus oder anderen Weichfrüchten wie Kaki, vielleicht auch Avocados oder Zucchini experimentieren, die ja recht geschmacksneutral sind.

Wer eine Eismaschine hat, nimmt die Zutaten in ungefrorener Form, mixt sie in einem normalen Mixer und lässt dann die Eismaschine kühlen.

Gegen Ende des Kapitels finden Sie zwei Rezepte, die Sie auch ohne starken Mixer herstellen können. Mit der Grundmischung, die dort beschrieben wird, können Sie auch viele andere Eissorten herstellen.

Da die meisten Rezepte vegan sind, gibt es keine besonderen Markierungen. Honig lässt sich gerade in Eis bestens durch weiche oder eingeweichte Trockenfrüchte ersetzen.

Angeschickertes Pflaumeneis

Stufe 1
- 1 Banane (100 g netto)
- 35 g Weinbrand (süßlich vom Einweichen von Trockenfrüchten)
- 20 g Cashewnüsse

Stufe 2
- 160 g halb gefrorene Pflaumen (entsteint gefroren) und
- 100 g Eiswürfeln im Hochleistungsmixer (hier: Vitamix) ein Eis herstellen

Nicht sehr fest. Mit komplett durchgefrorenen Pflaumen und etwas mehr Eis sicher auch fester.

Aromatisches Pflaumeneis

Stufe 1
- 100 g frische entsteinte Pflaumen
- 90 g geschälte Banane
- 1 TL Zitronenschaum
- 25 g Haselnussmus

Stufe 2
- 225 g Eiswürfel
- 100 g gefrorene Pflaumen
- 1 Scheibe kleingeschnittener ungeschälter frischer Ingwer

In der angegebenen Reihenfolge im Hochleistungsmixer (hier: Vitamix) zu Eis verarbeiten (die vier Rauten entstehen schnell).

Bananeneis

Stufe 1
- 1 Banane, geschält (ca. 110 g netto) mit
- 1 EL Cashewnüssen und
- 1-2 EL Zitronensaft pürieren

Stufe 2
- 120 g gefrorene Bananenstücke und
- Ca. 100 g Eiswürfel hinzufügen

Mit dem Stößel auf der Höchststufe zu Eis verarbeiten.

Bananen-Grapefruit-Eis vegan & erfrischend

Stufe 1
- 1 Banane (115 g netto)
- 25 g Cashewnüsse
- 1 kleine Grapefruit (135 g netto), geschält und in Stücken
- 20 g grüne Rosinen

Stufe 2
- 260-270 g Eiswürfel

Mit dem Stößel die Stufe 2 ebenfalls auf der höchsten Stufe bis zur Raute einarbeiten.

Bananen-Zitroneneis vegan & erfrischend

Stufe 1
- 1 Banane (120 g netto)
- 25 g Cashewnüsse
- 50 g Zitronensaft und -fleisch
- 35 g grüne Rosinen

Stufe 2
- 260-270 g Eiswürfel

Mit dem Stößel bis zur Raute einarbeiten.

Carobpulver-Schlemmer-Eis

Stufe 1
- 1 Banane (ca. 100-110 g netto) mit
- 4 getrockneten Aprikosen und
- 1 EL Mandeln schaumig schlagen (erst niedrige Einstellung), dann
- 3 TL Carobpulver untermixen

Stufe 2
- Ca. 200 g Eiswürfel

Mit dem Stößel einarbeiten. Ergibt ein leckeres Softeis.

Erdmandel-Bananen-Eis

Stufe 1
- 50 g Erdmandeln mahlen, die Masse soll nicht völlig in den Ecken festklumpen,
- 1 kleine Banane (85 g netto) und
- 50 g Wasser hinzugeben, mit dem Stößel zu einer glatten Creme verarbeiten

Stufe 2
- 110 g gefrorene Bananenscheiben
- 150 g Eiswürfel

Mit dem Stößel auf der Höchststufe einarbeiten, bis sich die typische Raute in der Mitte zeigt.

Frühstückseis

Stufe 1
- 1 Banane (ca. 110 g netto)
- 2 Möhren (ca. 160 g, in grobe Stücke vorgeschnitten)
- 20 g Macadamianüsse
- 1 TL Ingwer in Honig
- 2 EL Nacktgerste geflockt

Stufe 2
140 g gefrorene Stachelbeeren (oder andere Beeren) und
90 g Eiswürfel mit dem Stößel einarbeiten.

Gaumenfrisches Heidelbeereis

Stufe 1
- 15 g Zitronenscheibe
- 5 g Ingwer
- 15 g Cashewnüsse
- 1 Banane (90 g netto)
- 40 g Wasser

Stufe 2
- 140 g gefrorene Heidelbeeren und
- 80 g Eiswürfel mit dem Stößel einarbeiten.

Gesnickertes Eis

Stufe 1
- 1 Banane (120 g netto)
- 30 g Erdnüsse (gesalzen, geröstet)
- 1 geh. TL Kakao (7 g)
- 1 gute MS Vanille gem.
- 1 TL Honig (15 g)

Stufe 2 mit dem Stößel einarbeiten:
- 105 g gefrorene Bananenscheiben
- 100 g Eiswürfel

In der Schüssel mit ein paar Erdnüssen dekorieren.

Himbeercreme-Eis

Stufe 1
- 30 g Cashewnüsse mit
- 50 g Wasser und
- 20 g Honig gut verquirlen,
- 1 Banane (160 g brutto) unterziehen

Stufe 2
- 125 g gefrorene Himbeeren und
- 90 g Eiswürfel mit dem Stößel einarbeiten.

Weniger cremig wird es, wenn kein Honig hinzukommt.

Himbeereis mit Weintrauben

Stufe 1
- 1 Banane (100 g netto)
- 50 g kleine, süße Weintrauben ohne Kerne (netto)
- 1 TL Honig (20 g)
- 20 g Cashewnüsse

Stufe 2 (mit dem Stößel zur Raute einarbeiten):
- 125 g gefrorene Himbeeren
- 85 g Wasser

War für Himbeeren gerade richtig süß. Konsistenz schön cremig, hätte minimal fester sein können. Aber alles Eis gelöst.

Himbeereis zart fein

Stufe 1
- 40-50 g Kokos-Nusscreme
- 1 Banane (110 g netto)

Stufe 2
- 130 g tiefgekühlte Himbeeren
- 10-15 g Orangenblütenhonig
- 100 g Eiswürfel

Alles in der vorgegebenen Reihenfolge in den Vitamix geben und mit dem Stößel bearbeiten, bis sich die Raute bildet und alles zart-cremig ist.

Rohkost-Stracciatella

Stufe 1
- 2 EL Kakaonibs
- 1 gestr. EL Cashewnüsse
- 2 EL grüne Rosinen möglichst fein im Vitamix pürieren

Stufe 2
- 1-2 TL Honig
- 7 Eiswürfel und
- Ca. 1/2 gefrorene Banane in Scheiben mit dem Stößel einarbeiten.

Schokoeis zum Frühstück

Stufe 1
- 1 Banane mittelgroß (ca. 110 g netto)
- 1 TL Kakaopulver
- 1 kleine Handvoll grüne Rosinen
- 1 geh. EL Cashewnüsse
- 1 EL Nackthafer, geflockt, pürieren

Stufe 2
- 160 g Eiswürfel mit dem Stößel einarbeiten.

Waffeln mit Himbeereis

Waffeln:
- 50 g Dinkel mit
- 10 g Hirse mischen & mahlen,
- 1 Prise Salz,
- 2 Prisen Backpulver und
- 2 Prisen Vanillepulver untermischen.
- 10 g Cashewnüsse in
- 100 g Wasser (kleiner Mixer) zu einer Milch verarbeiten, mit dem Mehl zu einem glatten Teig rühren und eine Weile stehen lassen.

Waffeleisen vorbereiten, aufheizen. In der Zeit das Eis vorbereiten:

Himbeereis:
Stufe 1
- 1 Banane (185 g brutto) geschält mit
- 10 g Cashewnüssen und
- 15 g Honig im Vitamix mit Hilfe des Stößels auf der Höchststufe pürieren.

Stufe 2
- 70 g gefrorene Bananenscheiben
- 125 g gefrorene Himbeeren
- 90 g Eiswürfel unterarbeiten.

Das Eis ist reichlich für die Waffel! Drei Bällchen auf je einen Teller setzen und in den Gefrierschrank stellen, bis die Waffeln fertig sind. Dann die Waffeln backen und beides zusammen servieren.

Himbeer-Testeis

Mit diesem Eis lässt sich prima testen, was ein Mixer leisten kann:
- 1 Apfel
- 1 Handvoll Cashewnüsse und
- 1 gestr. EL Honig pürieren.
- 125 g gefrorene Himbeeren und
- 90 g Eiswürfel bis zur Raute einarbeiten.

Am Pürieren der ersten Zutaten scheiterte der Testmixer, mein teures Modell konnte es!

Erdbeer-Softeis

Stufe 1
- 260 g Erdbeeren, netto
- 25 g Cashewnüsse
- 25 g Sahne (oder 1:1 Cashew-Wasser-Mischung für Veganer)
- 1 TL Honig (nur wenn die Erdbeeren zu sauer sind)

Stufe 2
- 130 g gefrorene Bananenscheiben
- 90 g Eiswürfel

Bananen-Softeis ‚Apart‘

Apart wird dieses Eis durch die Verwendung von in Honig moussier-
ten Zitronenschalen!
Alle Zutaten in den Hochleistungsmixer geben, nicht wie sonst einen Teil vorher pürieren, und erst langsam, dann auf der höchsten
Stufe bearbeiten. Wenn nötig, den Stößel zu Hilfe nehmen:
- 1 große geschälte Banane (175 g netto), in Stücke gebrochen
- 3 cm Vanillestange
- 15 g Pekannusshälften
- 10 g moussierte Zitronenschalen
- 190 g Eiswürfel

Stachelbeereis Pinke Pünktchen

Zur Erinnerung: Im Hochleistungsmixer die Zutaten von Stufe 1 pürieren, dann die von Stufe 2 mit dem Stößel einarbeiten.

Stufe 1
- 30 g grüne Rosinen
- 1 Banane (110-115 g netto) geschält
- 15 g Mandeln

Stufe 2
- 200 g gefrorene rote Stachelbeeren
- 110 g Eiswürfel

Grapefruit-Gefrorenes (mit Tiereiweiß)

- 1 Pampelmuse (ungespritzt; ca. 275 g)
- 125-150 g Honig (Menge richtet sich danach, wie süß man es haben möchte; ich habe 150 g genommen)
- 250 ml süße Sahne

Pampelmuse gut waschen und abtrocknen und würfeln (jede Hälfte ca. 6-8 mal längs und dann noch einmal quer durchschneiden). Im Zerkleinerer gründlich zu Brei zerhacken. Mit dem Honig vermischen (nach Zugabe von 100 g Honig abschmecken).
Sahne steif schlagen und die Pampelmusenmasse gründlich unterrühren.
Zehn Silikonmuffinformen mit je 2 gehäuften EL Eismasse füllen. Jede Form mit etwas Pampelmusat (oder Zitronat) dekorieren. In den Tiefkühlschrank stellen. Etwa 15-20 Minuten vor Verzehr in den Kühlschrank umsetzen.

Nougaht-Eis (mit Tiereiweiß)

- 50 g Haselnüsse
- 75 g Haselnussmus
- 50 g Honig
- 1 TL-Spitze Vanille gem.
- 1 gestr. TL Getreidekaffee Instant
- 250 ml Sahne
- 8-10 Haselnüsse

Haselnüsse im Zerkleinerer grob zerhacken und in eine kleine Schüssel umfüllen. Haselnussmus mit Honig, Vanille und Kaffeepulver im Zerkleinerer gründlich vermischen. Sahne steif schlagen, mit der Nougatmasse gut vermischen. Zum Schluss die gehackten Nüsse unterziehen. Mit acht Muffinförmchen wie oben beschrieben fortsetzen und mit jeweils einer Haselnuss dekorieren.

Schokolade

Schokolade ist nicht ganz so gerätespezifisch wie z.B. Eis. Auch wenn ich es mit dem Vitamix zubereite, konnte ich ebenso schöne Schokolade im Power Smoother und im Komomix herstellen.
Im Folgenden ist ein Grundrezept mit Stufe 1, Stufe 2 und „Weiteren Zutaten" beschrieben.

1) Stufe 1:
In der ersten Stufe werden Nüsse, Kakaonibs- oder -bohnen (spielt für den Geschmack keine Rolle), etwas Salz und ggf. Gewürze wie Vanille / Tonkabohnen, getr. Schale usw. im 1,4- oder 2-Liter-Becher fein gemahlen. Wichtig ist dabei, langsam anzufangen und aufzuhören, bevor die Masse heiß ist. Bitte ständig mit dem Stößel arbeiten. Das heißt, sobald Sie sehen, dass das Messer die Masse nicht mehr wirklich bewegt, einen langen Löffel oder Spatel nehmen und die feste

Masse auflockern. Danach noch einmal gut auf der Höchststufe durchlaufen lassen. Dann die Masse aus dem Vitamix nehmen. Es macht nichts, wenn an einigen Ecken noch Körnchen sitzen oder nicht alles ganz glatt ist.

2) Stufe 2:
Nun kommt ein wenig Öl (am liebsten nehme ich Sesamöl) in den leeren Vitamix-Becher, darauf der Honig, dann evtl. etwas Carob-pulver- und Kakaopulver, dann Kokosöl, was die Schokolade sehr cremig macht. Ich habe ein Verhältnis von 40 % Kokosöl zu 60 % Kakaobutter als optimal herausgefunden. Darauf gibt man die zu-vor hergestellte Schokoladenmasse und obenauf die fein-blättrig geschnittene Kakaobutter. Nun wieder langsam auf die Höchststufe drehen, mit dem Stößel nachhelfen. Die Masse wird erst ein wenig krümelig, dann aber immer glatter. Es dauert nicht sehr lange! Lie-ber einmal zu früh anhalten und die Masse probieren – sie muss warm, darf aber nicht heiß sein, und auch nicht abgekühlt.

3) Weitere Zutaten:
Wenn die Schokolade schön glatt und lauwarm ist, können Trocken-früchte, Nüsse usw. untergerührt werden. Dann kann die Masse in Formen gefüllt werden (evtl. Holzstäbchen einsetzen). Ich benutze nur noch die großen Formen, wie es sie z.B. bei http://www.proh-viant.de gibt. Bei der Menge sind die kleinen Förmchen lästig sind.

4) Fertigstellung:
Die Form in den Kühlschrank setzen, nach einer Stunde die Holz-stäbchen herausziehen. Noch 1-2 Std. im Kühlschrank fest werden lassen. Wenn es eilig ist oder die Schokolade dazu neigt, sehr weich zu sein, empfiehlt es sich, die Form 10-20 Min. in den Tiefkühlschrank zu setzen. Schokolade aus der Form drücken und in einer mit Deckel verschließbaren Plastikdose aufbewahren. Kurzfristig lässt sie sich auch bei Raumtemperatur aufbewahren, auch Verschicken mit der Post ist möglich. Der Empfänger sollte sein Päckchen 1-2 Std. vor Verzehr in den Kühlschrank legen.

Alkoholisierte Schokolade

Aprikosen-Weinbrand-Schokolade Krokant

Stufe 1:
- 60 g Mandeln
- 40 g Cashewnüsse
- 85 g Kakaonibs
- 1/2 ausgepresste Zitrone, die dann getrocknet wurde
- 3 cm Vanillestange
- Einige Salzkörnchen

Stufe 2:
- 55 g Sesamöl
- Einige Salzkörnchen

- 55 g Orangenblütenhonig
- 20 g Carobpulver
- 10 g Kakaopulver
- 40 g Kokosöl
- 65 g Kakaobutter

Weitere Zutaten:
- 25 g Buchweizen
- 60 g Weinbrand
- 50 g getr. Aprikosen, in Würfel geschnitten

Aprikosenstücke über Nacht in Weinbrand einweichen.

Nüsse mit Kakaonibs im Hochleistungsmixer mahlen, ab und zu vom Rand lösen. In eine Schüssel umfüllen. Sesamöl, Honig, Salz, Carobpulver und Kokosöl in den Mixer abwiegen. Kakaomasse dazugeben. Kakaobutter fein abraspeln und obenauf geben. Mit dem Stößel bei langsam steigender Geschwindigkeit verarbeiten. Zwischendurch mit einem Spatel die Ecken "ausheben" und Reste vom Rand herunterdrücken. Immer wieder neu auf der Höchststufe laufen lassen, bis die Schokolade weich und gleichmäßig braun und warm, aber noch nicht heiß ist. In eine Schüssel gießen und mit Buchweizen und den abgetropften Aprikosen mischen. Den übrig gebliebenen Alkohol kann man für andere Süßspeisen verwenden.

Schokoladenmasse in Blockformen für Eis mit Holzstäbchen geben (siehe Kapitelanfang). Dann mehrere Stunden kalt werden lassen und im Kühlschrank aufbewahren.

Beschwipste Rosinen-Pekannuss-Schokolade

Stufe 1:
- 100 g Pekannüsse
- 25 g Kakaonibs
- 65 g Kakaobohnen
- 20 g Carobpulver

Stufe 2:
- 50 g Sesamöl
- 60 g Honig
- Einige Salzkörnchen
- 40 g Kokosöl
- 60 g Kakaobutter

Weitere Zutaten:
- 50 g grüne Rosinen
- 20 g Rum
- 40 g Weinbrand
- 50 g Pekannüsse

Grüne Rosinen 12 Std. in Alkohol abgedeckt einweichen.

100 g Nüsse mit Nibs, Kakaobohnen und Carob im Hochleistungsmixer mahlen, ab und zu vom Rand lösen. In eine Schüssel umfüllen.

Öl, Honig, Salz und Kokosöl in den Mixer abwiegen. Kakaomasse dazugeben. Kakaobutter fein abraspeln und obenauf geben. Mit dem Stößel bei langsam ansteigender Geschwindigkeit verarbeiten. Zwischendurch mit einem Spatel die Ecken "ausheben" und Reste vom Rand herunterdrücken. Immer wieder neu auf der Höchststufe laufen lassen, bis die Schokolade weich und gleichmäßig braun und warm, aber noch nicht heiß ist. In eine Schüssel gießen.

50 g Nüsse im Zerkleinerer hacken. Rosinen abtropfen lassen und mit Nüssen und Schokolade mischen. Schokoladenmasse in Blockformen für Eis mit Holzstäbchen geben (siehe Erklärung am Kapitelanfang). Dann mehrere Stunden kalt werden lassen und im Kühlschrank aufbewahren.

Goji-Pistazienschoko mit Schluck

Gojibeeren:
- 50 g Gojibeeren über Nacht in
- 60 g Weinbrand in einem geschlossenen Behälter quellen lassen

Pistazien:
- 20 g Honig und
- 10 g Sonnenblumenöl in einer Pfanne bei mittlerer Einstellung (Induktion: 300-600 Watt) zum Kochen bringen,
- 50 g Pistazien (mit Haut) hinzugeben und rühren, bis alle Nüsse von Honig eingehüllt und gebräunt sind. Flachen Teller mit
- 1-2 TL Öl einreiben, Pistazien darauf geben, gleichmäßig verteilen und abkühlen lassen. Gut auseinanderbrechen. Mit den abgetropften Gojibeeren im Zerkleinerer kurz anschlagen (beim Speedy: 3 x drücken)

Stufe 1:
- 50 g Cashewnüsse
- 50 g Mandeln
- 3 cm Vanillestange
- 4 g getr. Mangoschale
- 1 Tonkabohne (1 g)
- 1 Prise Salz
- 100 g Kakaonibs

Stufe 2:
- 30 g Mandelöl
- 70 g Honig
- 40 g Kokosöl
- 10 g Kakaopulver
- 20 g Carobpulver
- 60 g Kakaobutter, feinblättrig geschnitten

Verarbeitung siehe linke Seite. Schokolade mit der Goji-Pistazien-Masse in eine Schüssel geben, gut durchrühren und in eine große Blockform abfüllen. Im Kühlschrank kalt und hart werden lassen.

Goji-Rum-Schokolade

Stufe 1:
- 100 g Cashewnüsse
- 75 g Kakaonibs
- 25 g Carobpulver

Stufe 2:
- 5 g Walnussöl
- 45 g Sesamöl
- 70 g Honig
- Einige Salzkörnchen
- 35 g Kokosöl
- 65 g Kakaobutter

Weitere Zutaten:
- 50 g Gojibeeren
- 3 EL Kokosraspeln
- 65 g Rum
- 1 Prise Zimt
- 50 g Buchweizen

Gojibeeren über Nacht mit Zimt in Rum einweichen. Kokosraspeln unterrühren (jetzt sollte kein Rum mehr überstehen). Cashewnüsse mit Kakaonibs und Carobpulver im Hochleistungsmixer mahlen, ab und zu vom Rand lösen. In eine Schüssel umfüllen. Öl, Honig, Salz und Kokosöl in den Mixer abwiegen. Kakaomasse dazugeben. Kakaobutter fein abraspeln und obenauf geben. Mit dem Stößel bei langsam ansteigender Geschwindigkeit verarbeiten. Zwischendurch mit einem Spatel die Ecken „ausheben" und Reste vom Rand herunterdrücken. Immer wieder neu auf der Höchststufe laufen lassen, bis die Schokolade weich und gleichmäßig braun und warm, aber noch nicht heiß ist. In eine Schüssel gießen und mit Buchweizen mischen.

Schokoladenmasse in Blockformen für Eis mit Holzstäbchen geben. Dann mehrere Stunden kalt werden lassen und im Kühlschrank aufbewahren.

Goji-Rum-Knusperschokolade

Stufe 1:
- 100 g Cashewnüsse
- 100 g Kakaobohnen
- 3 cm Vanillestange

Stufe 2:
- 50 g Sesamöl
- Einige Salzkörnchen
- 60 g Honig
- 10 g Carobpulver
- 30 g Kokosöl
- 70 g Kakaobutter

Weitere Zutaten:
- 40 g Gojibeeren
- 60 g Rum
- 40 g Buchweizen

Gojibeeren über Nacht in Rum einweichen. Cashewnüsse mit Kakaobohnen und Vanillestange im Hochleistungsmixer mahlen, ab und zu vom Rand lösen. In eine Schüssel umfüllen. Sesamöl, Honig, Salz, Carobpulver und Kokosöl in den Mixer abwiegen. Kakaomasse dazugeben. Kakaobutter fein abraspeln und obenauf geben. Mit dem Stößel bei langsam ansteigender Geschwindigkeit verarbeiten.

Zwischendurch mit einem Spatel die Ecken „ausheben" und Reste vom Rand herunterdrücken. Immer wieder neu auf der Höchststufe laufen lassen, bis die Schokolade weich und gleichmäßig braun und warm, aber noch nicht heiß ist. In eine Schüssel gießen, mit den abgetropften Gojibeeren und dem Buchweizen mischen.

Schokoladenmasse in Blockformen für Eis mit Holzstäbchen geben. Dann mehrere Stunden kalt werden lassen und im Kühlschrank aufbewahren.

Goji-Weinbrand-Schokolade Plus

Stufe 1:
- 100 g Paranüsse
- 90 g Kakaobohnen

Stufe 2:
- 40 g Sesamöl
- Einige Salzkörnchen
- 70 g Honig

- 20 g Carobpulver
- 30 g Kokosöl
- 70 g Kakaobutter

Weitere Zutaten:
- 40 g Gojibeeren
- 60 g Weinbrand
- 30 g Pampelmusat

Gojibeeren über Nacht in Weinbrand einweichen. Stufe 1 fein mahlen und in eine Schüssel umfüllen. Stufe 2 in den Mixer abwiegen. Kakaomasse hinzufügen, Kakaobutter fein abraspeln und obenauf geben. Mit dem Stößel zu Schokolade verarbeiten. In eine Schüssel gießen und mit den abgetropften Gojibeeren und dem Pampelmusat mischen.

Schokoladenmasse in Blockformen für Eis mit Holzstäbchen geben. Dann mehrere Stunden kalt werden lassen und im Kühlschrank aufbewahren.

Mon Arachide-Schokolade

Stufe 1:
- 40 g Cashewnüsse
- 60 g Mandeln
- 2 g getr. Orangenschale
- 1/2 TL Vanillepulver
- Etwas Salz
- 80 g Kakaobohnen

Stufe 2:
- 30 g Walnussöl
- 60 g Blütenhonig

- 40 g Kokosöl
- 20 g Carobpulver
- 10 g Kakaopulver

Weitere Zutaten:
- 50 g getr. Süßkirschen in
- 60 g Weinbrand ca. 12 Std. einweichen
- 50 g gesalzene, geröstete Erdnüsse

Kirschen abtropfen lassen und halbieren. Erdnüsse und die Schokolade aus Stufe 1 und 2 hinzugeben. Ansonsten so verarbeiten, wie es in der Kapiteleinleitung beschrieben ist.

Mong-Tscherry-Schokolade

Stufe 1:
- 45 g Walnüsse
- 55 g Cashewnüsse
- 30 g Carobpulver
- Einige Salzkörnchen
- 4 cm Vanillestange
- 70 g Kakaobohnen

Stufe 2:
- 50 g Sesamöl
- 10 g Waldhonig
- 50 g Akazienhonig
- 30 g Kokosöl
- 70 g Kakaobutter

Weitere Zutaten:
- 40 g getr. Süßkirschen
- 60 g Weinbrand

Süßkirschen 12 Std. in dem Weinbrand abgedeckt einweichen. Wer es dezent möchte, halbiert die Süßkirschen.

Trockene Zutaten im Hochleistungsmixer mahlen, ab und zu vom Rand lösen, sie müssen fast eine Paste sein. In eine Schüssel umfüllen. Flüssige Zutaten in den Mixer abwiegen. Kakaomasse dazugeben. Kakaobutter fein abraspeln und obenauf geben. Mit dem Stößel bei langsam ansteigender Geschwindigkeit verarbeiten. Zwischendurch pausieren und probieren, ob die Schokolade flüssig, gleichmäßig braun und warm, aber noch nicht heiß ist. In eine Schüssel gießen. Kirschen abtropfen lassen und mit der Schokolade mischen.

Schokoladenmasse in Blockformen für Eis mit Holzstäbchen geben. Dann mehrere Stunden kalt werden lassen und im Kühlschrank aufbewahren.

Mon Raisin Sec

Stufe 1:
- 90 g Cashewnüsse
- 10 g Mandeln
- 100 g Kakaobohnen

Stufe 2:
- 50 g Sesamöl
- 65 g Waldhonig
- Einige Salzkörnchen
- 1 LS Vanillepulver
- 35 g Kokosöl
- 65 g Kakaobutter

Weitere Zutaten:
- 50 g grüne Rosinen
- 60 g Weinbrand

Grüne Rosinen 12 Std. abgedeckt im Weinbrand einweichen.

Cashewnüsse und Mandeln mit Kakaobohnen im Hochleistungsmixer mahlen, ab und zu vom Rand lösen. In eine Schüssel umfüllen. Öl, Honig, Salz, Vanille und Kokosöl in den Mixer abwiegen. Kakaomasse dazugeben. Kakaobutter fein abraspeln und obenauf geben. Mit dem Stößel bei langsam ansteigender Geschwindigkeit verarbeiten. Zwischendurch mit einem Spatel die Ecken „ausheben" und Reste vom Rand herunterdrücken. Immer wieder neu auf der Höchststufe laufen lassen, bis die Schokolade weich und gleichmäßig braun und warm, aber noch nicht heiß ist. In eine Schüssel gießen. Rosinen abtropfen lassen und mit der Schokolade mischen.

Schokoladenmasse in Blockformen für Eis mit Holzstäbchen geben. Dann mehrere Stunden kalt werden lassen und im Kühlschrank aufbewahren.

My Cherry mit Marzipan

Stufe 1:
- 50 g Mandeln
- 50 g Cashewnüsse
- 85 g Kakaonibs
- 1 Prise Salz
- 1/2 TL Vanillepulver

Stufe 2:
- 50 g Sesamöl
- 50 g Orangenblütenhonig
- 20 g Carobpulver
- 10 g Kakaopulver
- 1 Prise gem. Muskatnuss
- 40 g Kokosöl
- 60 g Kakaobutter

Weitere Zutaten:
- 50 g getr. Süßkirschen
- 70 g Weinbrand (Rest für Eis o.ä. verwenden)
- 60 g Honigmarzipan (gekauft)

Kirschen über Nacht in Weinbrand einweichen.

Stufe 1 mahlen und in eine Schüssel umfüllen. Stufe 2 in den Mixer abwiegen. Kakaomasse dazugeben. Kakaobutter fein abraspeln und obenauf geben. Mit dem Stößel bei langsam ansteigender Geschwindigkeit verarbeiten. Die Schokoladenform (Blockform für Eis mit Holzstäbchen) am Boden so füllen, dass die Einteilungen noch sichtbar sind, und in den Tiefkühlschrank setzen. Einen Marzipanblock längs und quer halbieren (so dass sich vier Platten in Größe der halben Originalplatte ergeben), und diese in 8 x 6 Stückchen schneiden. Form aus dem Tiefkühlschrank holen, Stückchen zu Kugeln drehen, auflegen. Kirschen abtropfen lassen, mit der restlichen Schokolade in einer Schüssel mischen und die Blockform mit Schokolade auffüllen. Dann mehrere Stunden kalt werden lassen, 10 Min. in den Tiefkühlschrank stellen. Im Kühlschrank aufbewahren.

My-Cherry-Schokolade

Stufe 1:
- 100 g Cashewnüsse
- 100 g Kakaobohnen

Stufe 2:
- 55 g Sesamöl
- 60 g Waldhonig
- Einige Salzkörnchen
- 1 LS Vanillepulver
- 40 g Kokosöl
- 60 g Kakaobutter

Weitere Zutaten:
- 40 g getr. Süßkirschen
- 70 g Weinbrand

Süßkirschen halbieren und 12-24 Std. in dem Weinbrand abgedeckt einweichen. Ich habe die Schüssel in den letzten 10 Std. in den Kühlschrank gestellt.

Cashewnüsse mit Kakaobohnen im Hochleistungsmixer mahlen, ab und zu vom Rand lösen. In eine Schüssel umfüllen. Öl, Honig, Salz, Vanille und Kokosöl in den Mixer abwiegen. Kakaomasse dazugeben. Kakaobutter fein abraspeln und obenauf geben. Mit dem Stößel bei langsam ansteigender Geschwindigkeit verarbeiten. Zwischendurch mit einem Spatel die Ecken „ausheben" und Reste vom Rand herunterdrücken. Immer wieder neu auf der Höchststufe laufen lassen, bis die Schokolade weich und gleichmäßig braun und warm, aber noch nicht heiß ist. In eine Schüssel gießen. Kirschen abtropfen lassen und mit der Schokolade mischen.

Schokoladenmasse in Blockformen für Eis mit Holzstäbchen geben. Dann mehrere Stunden kalt werden lassen, aus der Form drücken und im Kühlschrank aufbewahren.

Snikki gefüllt

Stufe 1:
- 50 g Erdnüsse, geröstet, gesalzen,
- 50 g Cashewnüsse
- 80 g Kakaonibs

Stufe 2:
- 30 g Sesamöl
- 1/2 TL Vanillepulver
- 20 g Carobpulver
- 10 g Kakaopulver
- 55 g Honig
- 40 g Kokosöl
- 60 g Kakaobutter

Weitere Zutaten:
- 50 g getr. Süßkirschen in
- 75 g Weinbrand 12 Std. einweichen
- 50 g Erdnüsse (s.o.)

Die Stufen verarbeiten wie in der Kapiteleinleitung beschrieben.

Aromatisierte Schokolade

Hildegard-Schokolade schwach

Stufe 1 im Vitamix 2 x schlagen:
- 80 g Cashewnüsse
- 20 g Pekannüsse
- 3 Prisen gem. Muskatnuss
- 1 kleine Prise Salz
- 6 cm Vanillestange
- 100 g Kakaonibs

Stufe 2 im Vitamix mit der Schokoladenmasse warm schlagen:
- 30 g Sesamöl
- 65 g Honig
- 40 g Kokosöl

- 20 g Carobpulver
- 10 g Kakaopulver
- 60 g Kakaobutter, feinblättrig geschnitten; zum Schluss kurz
- 100 g geschälte, blanchierte Mandeln unterziehen; weil diese so weich sind, aufpassen, dass sie nicht „zermahlen".

In die große Form geben, im Kühlschrank kalt und hart werden lassen.

Tonka-Schokolade mit Cashewnüssen

Stufe 1 im Vitamix 2 x schlagen:
- 80 g Cashewnüsse
- 20 g Mandeln
- 1 Tonkabohne (2 g)
- 1 g getr. Grapefruitschale
- 1 kleine Prise Salz
- 30 g Kakaobohnen
- 55 g Kakaonibs

Stufe 2 mit der Schokoladenmasse warm schlagen:
- 30 g Sesamöl
- 65 g Honig
- 40 g Kokosöl

- 20 g Carobpulver
- 10 g Kakaopulver
- 60 g Kakaobutter, feinblättrig geschnitten; zum Schluss kurz
- 50 g Cashewnüsse unterziehen; weil diese so weich sind, aufpassen, dass sie nicht „zermahlen".

Aufpassen, nicht zu lange schlagen: Masse wird „fest" und Fett tritt aus. In die Form geben, im Kühlschrank kalt und hart werden lassen.

Weihnachtsschokolade

Stufe 1:
- 100 g Paranüsse
- 4 Kardamomschoten
- 4 cm Vanillestange
- 2 cm Zimtstange
- 1 TL Korianderkörner (1 g)
- 1 winzige Prise Salz
- 5 g frischer Ingwer, ungeschält
- 80 g Kakaobohnen

Stufe 2:
- 20 g Carobpulver
- 2 g Zitronenschale, frisch gerieben
- 4 g Orangenschale, frisch gerieben
- 50 g Sesamöl
- 65 g Honig
- 35 g Kokosöl
- 65 g Kakaobutter

Weitere Zutaten:
- 50 g Walnussstücke

Stufe 1 mahlen, ab und zu vom Rand lösen. In eine Schüssel umfüllen. Stufe 2 abwiegen. Kakaomasse dazugeben. Kakaobutter fein abraspeln und obenauf geben. Mit Stößel arbeiten, dabei die Geschwindigkeit langsam steigern. Darauf achten, wann die Masse flüssig (dickflüssiger als andere Schokolade) ist. Auch auf Wärme achten! Auf der Höchststufe laufen lassen, bis die Schokolade weich und gleichmäßig braun und warm, aber noch nicht heiß ist. Schokoladenmasse in Blockformen für Eis mit Holzstäbchen geben. Walnüsse zwischen den Händen zerdrücken und auf die Schokolade streuen. Leicht eindrücken, so dass sie später nicht wieder abfallen. Kalt werden lassen, aus der Form drücken und im Kühlschrank aufbewahren.

Weihnachtsschokolade avec abricot

Stufe 1:	Stufe 2:
• 50 g Mandeln	85 g Kakaobohnen
• 50 g Cashewnüsse	15 g Carobpulver
• 6 Kardamomschoten	10 g Kakaopulver
• 4 cm Vanillestange	50 g Sesamöl
• 4 cm Zimtstange	65 g Honig
• 1 TL Korianderkörner (1 g)	40 g Kokosöl
• 1 TL Anissamen (2 g)	60 g Kakaobutter
• 1/2 gepresste getr. Zitrone	
• 1 winzige Prise Salz	Weitere Zutaten:
• 5 g frischer Ingwer, unge-	• 50 g getr. Aprikosenstücke
schält	• 25 g Nacktgerste, geröstet in der Pfanne & dann geflockt

Stufe 1 mahlen und in eine Schüssel umfüllen. Stufe 2 in den Hochleistungsmixer abwiegen. Kakaomasse dazugeben. Mit dem Stößel bei langsam ansteigender Geschwindigkeit verarbeiten. Darauf achten, wann die Masse flüssig (dickflüssiger als andere Schokolade) ist, sie bleibt aber eher sämig. Auf der Höchststufe laufen lassen, bis die Schokolade weich und gleichmäßig braun und warm, aber noch nicht heiß ist. In einer Schüssel mit Aprikosenstücken und den abgekühlten Gerstenflocken verrühren. Schokoladenmasse in die Form geben und gut festdrücken. Dann mehrere Stunden kalt werden lassen, im Kühlschrank aufbewahren.

Oh Oh-Orangenschokolade

Stufe 1:	Stufe 2:
• 100 g Kakaonibs	• 35 g Sesamöl
• 100 g Cashewnüsse	• 70 g Honig
• 10 g getr. Orangenschale	• 20 g Carobpulver
• 1 kleine Tonkabohne	• 40 g Kokosöl
	• 60 g Kakaobutter

Herstellung wie am Kapitelanfang beschrieben.

Fruchtige Schokolade

Apfelhauch-Schoko mit Knack

Stufe 1 im Vitamix 2 x schlagen:
- 80 g Kakaobohnen
- 10 g Sonnenblumenkerne
- 90 g Mandeln
- 15 g getr. Äpfel
- 3 cm Vanillestange
- 1 Prise Salz

Stufe 2 warm schlagen:
- 25 g Sesamöl
- 60 g Honig
- 40 g Kokosöl
- 20 g Carobpulver
- 10 g Kakaopulver

- 60 g Kakaobutter, feinblättrig geschnitten

Weitere Zutaten:
- 50 g Buchweizen mit
- 50 g Sonnenblumenkernen rösten, unter die fertige – recht feste – Schokolade rühren.

Aufpassen, dass nicht zu lange geschlagen wird, da es „fest" wird. In eine Form geben, in Kühlschrank kalt und hart werden lassen.

Drachenfrucht-Schokolade

Stufe 1:
- 100 g Cashewnüsse
- 90 g Kakaobohnen
- 6 cm Vanillestange
- 10 g frischer, ungeschälter Ingwer

Stufe 2:
- 50 g Sesamöl
- Einige Salzkörnchen
- 70 g Honig
- 10 g Carobpulver
- 10 g Kakaopulver
- 40 g Kokosöl
- 60 g Kakaobutter

Weitere Zutaten:
- 50 g Drachenfrüchte

Stufe 1 mahlen, in eine Schüssel umfüllen. Stufe 2 abwiegen. Kakaomasse dazugeben. Mit dem Stößel verarbeiten. Drachenfrüchte in Stücke schneiden und mit der Schokoladenmasse mischen. In die Blockformen geben. Mehrere Stunden kalt werden lassen, im Kühlschrank aufbewahren.

Lemon-Schockolatte

Stufe 1:
- 100 g Cashewnüsse
- 100 g Kakaobohnen

Stufe 2:
- 50 g Sesamöl
- 70 g Honig
- Einige Salzkörnchen

- 1 LS Vanillepulver
- 6 g ger. frische Zitronenschale
- 35 g Kokosöl
- 65 g Kakaobutter

Weitere Zutaten:
50 g Buchweizen

Stufe 1 mahlen, in eine Schüssel umfüllen. Stufe 2 abwiegen. Kakaomasse dazugeben. Mit dem Stößel verarbeiten. In eine Schüssel gießen und mit 50 g Buchweizen mischen. Schokoladenmasse in Blockformen für Eis mit Holzstäbchen geben. Dann mehrere Stunden kalt werden lassen und im Kühlschrank aufbewahren.

Mango-Schokolade

Stufe 1:
80 g Kakaobohnen
50 g Cashewnüsse
50 g Mandeln
50 g getr. Mango, in Stücke gebrochen
5 g getr. Orangenschale
3 cm Vanillestange
1 Prise Salz

Stufe 2:
Im Vitamix warm schlagen:
- 25 g Sesamöl
- 45 g Honig
- 40 g Kokosöl
- 20 g Carobpulver
- 60 g Kakaobutter, feinblättrig geschnitten

Wie zu Kapitelbeginn beschrieben, zubereiten. Aufpassen, dass nicht zu lange geschlagen wird, die Masse wird "fest" und Fett tritt aus. In eine Form geben, im Kühlschrank kalt und hart werden lassen.

Mango-Schokolade weiß

- 10 g Mandelöl
- 20 g flüssiger Honig
- 50 g Cashewnüsse
- 45 g getr. Mango in Stücken, soweit möglich, zerkleinern, dazu
- 20 g Kokosöl
- 30 g Kakaobutter, mischen, bis lauwarm, dann noch
- 15 g Kokosraspeln einarbeiten

Ergibt 4 EL = 2 Fächer in der weißen Blockform für Schokolade.

Mango-Schokolade weiß-cremig

- 50 g Cashewnüsse und
- 45 g getr. Mango in Stücken, zerkleinern, einige Stunden in
- 125 g Wasser aufquellen lassen, in den Mixbecher geben. Dazu
- 15 g Honig und
- 30 g Kakaobutter; schlagen bis lauwarm, dann kaltstellen

Gibt 6 EL; wird auch mit Tiefkühlen sehr weich.

Orangen-Schokolade

Stufe 1:
- 100 g Cashewnüsse
- 100 g Kakaobohnen

Stufe 2:
- 50 g Mandelöl
- 55 g Waldhonig
- Einige Salzkörnchen
- 1 LS Vanillepulver
- Abgeriebene Schale von einer mittelgroßen Apfelsine (ca. 5 g)

- 40 g Kokosöl
- 60 g Kakaobutter

Weitere Zutaten:
- 50 g Orangeat

Schokoladenmasse mit dem Orangeat mischen. Schokoladenmasse in Blockformen für Eis geben, kalt stellen. Weitere Zubereitung siehe Kapitelanfang.

Orangen-Schokolade mit Kokos

Stufe 1:
- 50 g Cashewnüsse
- 50 g Mandeln
- 85 g Kakaobohnen
- 4 cm Vanillestange

Stufe 2:
- 50 g Sesamöl
- 70 g Orangenblütenhonig
- Einige Salzkörnchen

- Frisch abgeriebene Orangen- schale (10 g)
- 20 g Carobpulver
- 1 geh. TL Zimt (5-6 g)
- 20 g Kakaopulver
- 40 g Kokosöl
- 60 g Kakaobutter

Weitere Zutaten:
- 50 g Orangeat
- 35 g Kokosraspeln

Orangeat und Kokosraspeln mischen, dann die Schokolade einrühren. Schokoladenmasse in Blockformen für Eis mit Holzstäbchen geben. Dann mehrere Stunden kalt werden lassen und im Kühlschrank aufbewahren.

Pampelolade

Stufe 1:
- 90 g Cashewnüsse
- 10 g Mandeln
- 25 g Carobpulver
- 3 cm Vanillestange
- 75 g Kakaobohnen

- 65 g Honig
- Einige Salzkörnchen
- Abgeriebene Schale von 1 Zitrone
- 30 g Kokosöl
- 75 g Kakaobutter

Stufe 2:
- 50 g Mandelöl

Weitere Zutaten:
50 g Pampelmusat

Pampelmusat in die Schokolade einrühren. Schokoladenmasse in Blockformen für Eis mit Holzstäbchen geben. Dann mehrere Stunden kalt werden lassen und im Kühlschrank aufbewahren.

Zitronenschokolade

Stufe 1:
- 70 g Cashewnüsse
- 30 g Mandeln
- 100 g Kakaobohnen
- 4 cm Vanilleschote

Stufe 2:
- 50 g Sesamöl
- 60 g Honig

- 5 g frisch abgeriebene Zitronenschale
- 40 g Kokosöl
- 60 g Kakaobutter

Weitere Zutaten:
- 50 g Buchweizen
- 50 g Zitronat

Stufe 1 mahlen. In eine Schüssel umfüllen. Stufe 2 verarbeiten. In eine Schüssel gießen und mit Buchweizen und Zitronat mischen. Schokoladenmasse in Blockformen für Eis mit Holzstäbchen geben. Dann mehrere Stunden im Kühlschrank kalt werden lassen und dort aufbewahren.

Vegane Bananen-Schokolasagne

Stufe 1:
- 100 g Kakaobohnen
- 100 g Cashewnüsse
- 350 g Bananen (netto)

Stufe 2:
- 50 g Kokosöl
- 50 g Kakaobutter

Eine große Lasagneform (ca. 24 x 13 cm) und eine kleine (18 x 12 cm) mit Haushaltsfolie auslegen. Stufe 1 mahlen. In eine Schüssel umfüllen. Stufe 2 verarbeiten. Schokoladenmasse in die Lasagneformen gießen und gleichmäßig verteilen. Nach ca. 2 Std. (Zeit hängt von der Kühlschranktemperatur ab) mit einem Messer vorsichtig Stücke anritzen. Dann mehrere Stunden im Kühlschrank kalt werden lassen und dort aufbewahren.

Gefüllte Schokolade

Gefüllte O-Schoko

Stufe 1:
Im Vitamix 2 x schlagen:
- 70 g Cashewnüsse
- 30 g Mandeln
- 5 g getr. Orangenschale
- 2 g Vanillestange (= 4 cm)
- 80 g Kakaonibs

Stufe 2:
Im Vitamix warm schlagen:
- 50 g Walnussöl
- 60 g Blütenhonig
- 40 g Kokosöl
- 60 g Kakaobutter in feinen Stücken
- 15 g Carobpulver
- 10 g Kakaopulver
- Einige Salzkrümel
- 20 g Orangeat (abgetropft)

Weitere Zutaten:
- 35-40 g Honigmarzipan (fertig gekauft)

Schokoladenform mit je 1 EL Schokolade füllen, bis zur Zugabe des Marzipans tiefkühlen. Marzipan in 48 kleine Stücke schneiden und auf die tiefgekühlte Schokolade geben. Mit 2-3 EL Schokolade bedecken. 2 Std. im Kühlschrank, dann 20 Min. im Tiefkühlschrank fest werden lassen. In einer gut schließenden Plastikdose im Kühlschrank aufbewahren.

Marzipan-Erdnuss-Schokolade

Stufe 1 schlagen:
- 50 g Cashewnüsse
- 50 g Erdnüsse
- 3 g getr. Orangenschale
- 2 cm Vanillestange
- 90 g Kakaobohnen

Stufe 2 warm schlagen:
- 30 g Mandelöl
- 65 g Honig

- 40 g Kokosöl
- 20 g Carobpulver
- 60 g Kakaobutter

Weitere Zutaten:
- 50 g Erdnüsse im Zerkleinerer mahlen/hacken
- 60-70 g Honigmarzipan in 48 kleine Stücke geschnitten (fertig gekauft)

Schokolade mit Erdnüssen mischen, Schokoladenform mit je 1 EL Schokolade füllen, bis zur Zugabe des Marzipans tiefkühlen. Fortfahren, wie auf der vorigen Seite beschrieben.

Einfache Marzipanschokolade

Stufe 1:
- 50 g Cashewnüsse
- 50 g Mandeln
- 85 g Kakaobohnen
- 3 cm Vanillestange
- Einige Salzkörnchen

Stufe 2:
- 50 g Sesamöl

- 50 g Orangenblütenhonig
- 20 g Carobpulver
- 10 g Kakaopulver
- 40 g Kokosöl
- 60 g Kakaobutter

Weitere Zutat:
- 60 g Honigmarzipan (fertig gekauft)

Stufe 1 mahlen und in eine Schüssel umfüllen. Stufe 2 abwiegen. Kakaomasse dazugeben. Kakaobutter fein abraspeln und obenauf geben. Mit dem Stößel bei langsam ansteigender Geschwindigkeit verarbeiten. Die Schokoladenform (Blockform für Eis mit Holzstäbchen) am Boden so füllen, dass die Einteilungen noch sichtbar sind, und in den Tiefkühlschrank setzen. Marzipan in 8 x 6 Stückchen schneiden. Form aus dem Tiefkühlschrank holen, Stückchen auflegen und mit Schokolade auffüllen. Schokoladenmasse in Blockformen für Eis mit Holzstäbchen geben. Dann 2 Std. kalt werden lassen, für 30 Min. unten in den Tiefkühlschrank stellen.

Schoki mit Getreide & Samen

Amaranth-O-Schokolade

Stufe 1:
- 100 g Cashewnüsse
- 65 g Kakaobohnen
- 15 g Kakaonibs
- 5 g getr. Orangenschale
- 2 cm Vanilleschote
- 1 winzige Prise Salz

Stufe 2:
- 30 g Sesamöl

- 20 g Walnussöl
- 60 g Honig
- 20 g Carobpulver
- 10 g Kakaopulver
- 45 g Kokosöl
- 55 g Kakaobutter

Weitere Zutaten:
- 50 g Orangeat
- 30 g Amaranth

Amaranth unter Rühren in einer trockenen beschichteten Pfanne rösten (Stufe 7-9 von 12), bis die Körner gut duften und hellbraun sind. In eine Schüssel umfüllen. Schokolade aus Stufe 1 und 2 herstellen und mit Orangeat und abgekühltem Amaranth mischen.

Hanfkracher mit Carobpulver

Stufe 1:
- 130 g Cashewnüsse
- 60 g Kakaonibs
- 30 g Carobpulver
- 1 TL Zimt
- Einige Salzkörnchen
- 1/2 TL Vanillepulver

Stufe 2:
- 45 g Mandelöl
- 65 g Honig
- 30 g Kokosöl
- 70 g Kakaobutter

Weitere Zutaten:
- 50 g Hanfsamen

Stufe 1 mahlen, ab und zu vom Rand lösen. In eine Schüssel umfüllen. Stufe 2 wie bekannt bearbeiten (siehe Kapitelanfang). In eine Schüssel gießen und mit Hanfsamen mischen. Schokoladenmasse in Blockformen für Eis mit Holzstäbchen geben. Dann mehrere Stunden kalt werden lassen und im Kühlschrank aufbewahren

Müslischokolade

Müsli:
- 75 g Nackthafer erhitzen, bis er poppt (= springt), etwas abkühlen lassen und flocken.
- 75 g grüne Rosinen untermischen.

Stufe 1:
- 50 g Cashewnüsse
- 50 g Mandeln
- 4 cm Vanillestange (1 g)
- 1 Prise Salz
- 100 g Kakaonibs

Stufe 2:
- 30 g Mandelöl
- 65 g Honig
- 40 g Kokosöl
- 25 g Carobpulver
- 60 g Kakaobutter, feinblättrig geschnitten.

Zubereitung siehe Kapitelanfang. Schokolade in die Schüssel mit der Müsli-Masse geben, gut durchrühren und in eine große Blockform abfüllen. Im Kühlschrank erkalten und hart werden lassen.

Quinoa-Mandel-Schoki mit Orangeat

Weitere Zutaten:
- 75 g Quinoa in zwei Portionen in einer heißen Pfanne poppen lassen.
- 75 g Mandeln, im Zerkleinerer grob gehackt
- 60 g Orangeat

Stufe 1, zweimal schlagen:
- 65 g Cashewnüsse
- 35 g Mandeln
- 100 g Kakaobohnen
- 1 Tonkabohne

- 1 Prise Salz
- 3-4 cm getr. Grapefruitschale

Stufe 2:
- 45 g Sesamöl
- 70 g Honig
- 20 g Kokosöl
- 20 g Carobpulver
- 10 g Kakaopulver
- 80 g Kakaobutter, fein geschnitten

mit der Schokoladenmasse warm schlagen.

Zubereitung siehe Kapitelanfang. Quinoa, Mandeln und Orangeat in einer Schüssel mit der Schokoladenmasse verrühren. In große Blockformen füllen und im Kühlschrank fest werden lassen.

Rosinen-Hanf-Schokolade

Zutaten:
- 100 g Kakaonibs
- 100 g Mandeln
- 50 g Sesamöl
- 60 g Honig
- 25 g lila Maismehl
- 50 g Kokosöl
- 50 g Kakaobutter
- 2 EL Buchweizen
- 1/2 EL grüne Rosinen
- 1-2 TL Hanfsamen

Zubereitung:
Zwei Lasagneformen (eine ca. 18 x 24 und eine 8 x 13 cm) mit Haushaltsfolie auslegen. Den Boden der großen Form mit Buchweizen und Rosinen, den der kleinen Form mit Hanfsamen ausstreuen.

Kakaonibs und Mandeln mahlen, bis die Masse sich vom Rand löst und gut aus dem Becher nehmen lässt. In eine Schüssel umfüllen. Öl und Honig in den Mixer abwiegen. Kakaomasse dazugeben, darauf lila Maismehl und Kokosöl. Kakaobutter fein abraspeln und obenauf geben. Mit dem Stößel verarbeiten. Schokoladenmasse in die Lasagneformen gießen und gleichmäßig verteilen. Nach 2-3 Std. mit einem Messer vorsichtig Stücke anritzen. Dann mehrere Stunden kalt werden lassen.

Raspel-Röst-Schokolade

- 50 g Quinoa rösten, bis er knackt und etwas dunkler wird
- 50 g Kokosraspeln goldbraun rösten

Stufe 1:
- 80 g Kakaobohnen
- 100 g Cashewnüsse
- 5 g getr. Orangenschale
- 3 cm Vanillestange
- 1 Prise Salz

Stufe 2:
- 30 g Sesamöl
- 65 g Honig
- 40 g Kokosöl
- 20 g Carobpulver
- 10 g Kakaopulver
- 60 g Kakaobutter, feinblättrig geschnitten

Zubereitung siehe Kapitelanfang. Aufpassen, dass nicht zu lange geschlagen wird, sonst tritt Fett aus. Mit den gerösteten Zutaten vermischen.

Lila Hanf-Schokolade

Stufe 1:
- 100 g Kakaonibs
- 100 g Mandeln

Stufe 2:
- 50 g Sonnenblumenöl
- 60 g Honig
- 20 g lila Maismehl
- 60 g Kokosöl
- 40 g Kakaobutter

Weitere Zutaten:
- 2 EL Hanfsamen

Zubereitung der Schokolade siehe Kapitelanfang. Schokoladenmasse in zwei Lasagneformen gießen, gleichmäßig fließen lassen. Mit Hanf bestreuen. Nach 2-3 Std. mit einem Messer vorsichtig Stücke anritzen. Dann mehrere Stunden kalt werden lassen.

Haferpoppis

Hafer
- 1 EL Erdnussöl in einer kleinen Pfanne stark erhitzen
- 50 g Nackthafer hinzugeben. Erhitzen, bis er poppt (Deckel auflegen).
- 20 g Honig einrühren und erhitzen, bis der Honig karamellisiert. Einen Teller mit
- 1-2 TL Öl einreiben, die heiße Hafermasse darauf geben. Abkühlen lassen, die Haferkörner zwischen Haushaltsfolie legen und auseinander brechen.

Stufe 1:
- 55 g Cashewnüsse
- 45 g Pekannüsse

- 5 cm Vanillestange
- 1 Prise Salz
- 90 g Kakaonibs
- 1-2 Stück getr. Orangenschale

Stufe 2:
- 30 g Sesamöl
- 60 g Honig
- 40 g Kokosöl
- 20 g Carobpulver
- 10 g Kakaopulver
- 60 g Kakaobutter, feinblättrig geschnitten.

Zubereitung der Schokolade siehe Kapitelanfang. Schokolade in die Schüssel mit den Haferkörnern geben, gut durchrühren und in eine große Blockform abfüllen. Im Kühlschrank kalt und hart werden lassen.

Nuss und Kokos in Schokolade

Crunchy Peanut-Schokolade

Erdnuss-Crunch:
- 25 g Honig und
- 15 g Sonnenblumenöl in einer Pfanne zum Kochen bringen,
- 75 g Erdnüsse (gesalzen) hinzugeben. Rühren, bis Nüsse von Honig eingehüllt und gebräunt sind.
- 50 g grüne Rosinen kurz mit erhitzen. Auf einen mit Öl eingeriebenen Teller geben. Nach dem Abkühlen gut auseinanderbrechen und in eine Schüssel geben.

Stufe 1:
- 50 g Cashewnüsse
- 50 g Erdnüsse (salzig, geröstet)
- 3 cm Vanillestange
- 4 g getr. Orangenschale
- 1 Tonkabohne (1 g)
- 100 g Kakaonibs

Stufe 2 warm schlagen:
- 30 g Sesamöl
- 60 g Honig
- 40 g Kokosöl
- 10 g Kakaopulver
- 20 g Carobpulver
- 60 g Kakaobutter

Schokolade s. Kapitelanfang; mit in die Schüssel geben, gut durchrühren und in eine große Blockform abfüllen. Im Kühlschrank hart werden lassen.

Crunchy Walnut-Schokolade

Zubereitung wie oben, mit den folgenden Zutaten:

Walnüsse:
- 75 g Walnüsse grob zerkleinern, rösten und
- 25 g Honig hinzugeben.

Stufe 1:
- 70 g Cashewnüsse
- 30 g Mandeln
- 4 cm Vanillestange
- 1 kleine Prise Salz
- 1 g getr. Grapefruitschale
- 1 Tonkabohne (1 g)
- 100 g Kakaonibs

Stufe 2:
- 30 g Sesamöl
- 70 g Honig
- 40 g Kokosöl
- 25 g Carobpulver
- 60 g Kakaobutter

Kokosschokolade fresh

Stufe 1:
- 110 g Kokosraspeln
- 100 g Kakaobohnen

Stufe 2:
- 40 g Sonnenblumenöl
- Einige Salzkörnchen
- Abgeriebene Schale (Mikroreibe) von 1 Zitrone
- 60 g Honig
- 20 g Carobpulver
- 40 g Kokosöl
- 60 g Kakaobutter

Weitere Zutaten:
- 30 g Kokosraspeln

Herstellung: siehe Kapitelanfang. Warme Schokolade in eine Schüssel gießen und mit 30 g Raspeln mischen. In einer Form kalt und fest werden lassen.

Kokosschokolade

Stufe 1:
- 100 g Kakaobohnen
- 100 g Kokosraspeln
- 1 Prise Salz
- 2,5 cm Vanillestange

Stufe 2:
- 20 g Sesamöl
- 65 g Honig
- 60 g Kokosöl
- 40 g Kakaobutter

Weitere Zutaten:
- Ca. 2 EL Kokosraspeln zum Ausstreuen

Herstellung der Schokolade siehe Kapitelanfang. Zwei Lasagneformen mit Kokosraspeln dünn ausstreuen und Schokoladenmasse in die Lasagneformen gießen. Mit Kokosraspeln bestreuen. Nach ca. 2 Std. mit einem Messer vorsichtig Stücke anritzen. Dann mehrere Stunden kalt werden lassen.

Mandel-Cracker-Schokolade

Stufe 1:   Herstellung siehe Kapitelanfang.
- 50 g Cashewnüsse
- 50 g Mandeln
- 2 g getr. Orangenschale
- 4 cm Vanillestange (= 2 g)
- 80 g Kakaonibs
- 1 Prise Salz

Stufe 2:
- 15 g Mandelöl
- 10 g Sesamöl
- 70 g Honig
- 40 g Kokosöl
- 20 g Carobpulver
- 10 g Kakaopulver
- 60 g Kakaobutterm fein-blättrig geschnitten; gegen Ende hin
- 100 g Mandeln hinzugeben und kurz mit durchschlagen, so dass einige Mandeln in Stücke gebrochen werden.

Noisette

Stufe 1:   Herstellung siehe Kapitelanfang.
- 130 g Haselnüsse
- 70 g Kakaonibs
- 30 g Carobpulver
- Einige Salzkörnchen
- 2 cm Vanillestange (1 g)

Stufe 2:
- 30 g Mandelöl
- 30 g Macadamianussöl
- 65 g Honig
- 100 g Kakaobutter

Achtung: Wird eher sämig als flüssig! Schokoladenmasse in Blockformen für Eis mit Holzstäbchen geben. Dann mehrere Stunden kalt werden lassen und im Kühlschrank aufbewahren.

Noisette Nr. Zwo

Stufe 1:
- 130 g Haselnüsse
- 40 g Carobpulver
- 60 g Kakaobohnen
- Einige Salzkörnchen
- 4 cm Vanillestange (1 g)

Stufe 2:
- 35 g Sesamöl
- 30 g Macadamianussöl
- 65 g Honig
- 35 g Kokosöl
- 65 g Kakaobutter

Herstellung wie am Kapitelanfang beschrieben.

Nougatschokolade mit Knack

Stufe 1:
- 100 g Mandeln, ganz rösten
- 25 g Kakaonibs, kurz mitrösten
- 25 g Kakaonibs, ungeröstet
- 3 cm Vanillestange (1 g)
- 2 g getr. Orangenschale
- 1 kleine Prise Salz

Stufe 2:
- 30 g Sesamöl
- 63 g Honig
- 40 g Kokosöl
- 60 g Kakaobutter

Weitere Zutaten:
- 50 g Buchweizen, kurz rösten

Herstellung wie am Kapitelanfang beschrieben.

Paranoide Schokolade mit Pfiff

Stufe 1:
- 80 g Kakaobohnen
- 25 g Pekannüsse
- 75 g Paranüsse
- 4 g getr. Orangenschale
- 3 cm Vanillestange
- 1 Prise Salz

Stufe 2:
- 25 g Sesamöl
- 45 g Mandarinat
- 30 g Orangeat
- 45 g Honig
- 40 g Kokosöl
- 20 g Carobpulver
- 10 g Kakaopulver
- 60 g Kakaobutter, feinblättrig geschnitten; Achtung, nicht zu lange schlagen, sonst tritt Fett aus (kommt durch das Orangeat).

Weitere Zutaten:
- 75 g Paranüsse, fein gehackt

Paranüsse mit Schokolade mischen.

Pekannuss-Blockschokolade

Stufe 1:	Stufe 2:
• 100 g Pekannüsse	• 50 g Macadamianussöl
• 100 g Kakaobohnen	• 60 g Waldhonig
• 100 g Cashewnüsse	• 30 g Kokosöl
	• 70 g Kakaobutter

Herstellung wie im Kapitelanfang beschrieben.

Pekan-Schokolade vegan

• 100 g Kakaonibs
• 50 g Pekannussmus (350 g Nüsse/60 g Öl);
• 300 g Bananen netto
• 50 g Kokosöl
• 50 g Kakaobutter

Eine große Lasagneform (ca. 24 x 13 cm) mit Haushaltsfolie auslegen. Kakaonibs mahlen, bis die Masse sich vom Rand löst und gut aus dem Becher nehmen lässt. Zwischendurch mit dem Spatel lösen. In eine Schüssel umfüllen. Bananen und Pekannussmus in den Becher geben, pürieren. Kakaomasse dazugeben, darauf das Kokosöl. Kakaobutter fein abraspeln und obenauf geben. Mit dem Stößel bei langsam ansteigender Geschwindigkeit verarbeiten. Immer wieder neu auf der Höchststufe laufen lassen, bis die Schokolade flüssig und gleichmäßig braun und warm, aber noch nicht heiß ist.

Schokoladenmasse in die Lasagneformen gießen und gleichmäßig verteilen. Nach ca. 2 Std. (Zeit hängt von der Kühlschranktemperatur ab) mit einem Messer vorsichtig Stücke anritzen. Dann mehrere Stunden kalt werden lassen.

Wer kein Pekannussmus hat, nimmt 50 g Cashewnüsse und mahlt sie zusammen mit den Kakaonibs.

Schokoladen-Lasagne Nr. 1

- 100 g Kakaobohnen
- 130 g Mandelmus (350 g Mandeln/120 g Öl)
- 80 g Honig
- 30 g Kakaobutter
- 60 g Kokosöl
- 40-48 Haselnüsse

Zwei viereckige Lasagneformen (ca. 18 x 10 cm) mit Haushaltsfolie auslegen.

Kakaobohnen mahlen, aber nicht warten, bis sich die Masse festsetzt. Eventuell mit einem Spatel lösen. Mandelmus und Honig hinzugeben. Kakaobutter fein abraspeln und mit dem Kokosöl obenauf geben. Mit dem Stößel bei langsam ansteigender Geschwindigkeit verarbeiten.

Schokoladenmasse in die Lasagneformen gießen und gleichmäßig verstreichen. Die Haselnüsse in 3-4 Reihen zu je 6 Nüssen in die Schokolade hineindrücken und in den Kühlschrank stellen. Nach 30-45 Min. (Zeit hängt von der Kühlschranktemperatur ab) mit einem Messer vorsichtig Stücke anritzen. Dann mehrere Stunden kalt werden lassen

Schokoladen-Lasagne Nr. 2

Zubereitung wie oben, aber mit Buchweizen bestreuen.
- 100 g Kakaobohnen
- 130 g Mandelmus (350 g Mandeln/60 g Öl)
- 20 g Mandelöl
- 75 g Honig
- 30 g Kakaobutter
- 60 g Kokosöl
- 12 Mandeln
- 12 Cashewnüsse
- 20 g Buchweizen

Schokoladen-Lasagne Nr. 3

Zubereitung wie für Nr. 1 beschrieben

- 55 g Kakaobohnen
- 45 g Kakaonibs
- 100 g Cashewnüsse
- 50 g Mandelöl
- 75 g Honig
- 20 g lila Maismehl
- 60 g Kokosöl
- 40 g Kakaobutter
- Ca. 48 Haselnüsse

Eine Lasagneform (ca. 24 x 13 cm) mit Haushaltsfolie auslegen usw.

Trauben-Nuss-Creme

Stufe 1:
- 55 g Haselnüsse
- 45 g Cashewnüsse
- 4 cm Vanillestange (2 g)
- 3 g getr. Orangenschale
- 1 gute Prise Salz
- 100 g Kakaobohnen

Stufe 2:
- 30 g Macadamianussöl
- 70 g Honig
- 40 g Kokosöl
- 20 g Carobpulver
- 60 g Kakaobutter, feinblättrig geschnitten

Weitere Zutaten:
- 75 g Haselnüsse, grob gehackt (Zerkleinerer)
- 75 g grüne Rosinen

Zubereitung wie für Schokoladenlasagne beschrieben.

Trauben-Nussröst-Schoko

Vorbereitung:
- 50 g Mandeln in einer Pfanne rösten, dann
- 20 g Honig hinzugeben und etwas kandieren lassen; umfüllen, Pfanne sofort mit heißem Wasser reinigen. Mandeln kaltstellen.
- 50 g grüne Rosinen mit den gerösteten Mandeln mischen; Mandeln auseinanderbrechen. Im Zerkleinerer grob hacken (Rosinen bleiben ganz, verhindern aber das Aneinanderpappen der Mandeln).

Stufe 1:
- 55 g Cashewnüsse
- 45 g Mandeln
- 4 g getr. Orangenschale
- 3 cm Vanillestange (= 1 g)
- 80 g Kakaobohnen
- 1 Prise Salz

Stufe 2:
- 30 g Sesamöl
- 65 g Honig
- 40 g Kokosöl
- 20 g Carobpulver
- 10 Kakaopulver
- 60 g Kakaobutter, feinblättrig geschnitten

Herstellung wie am Kapitelanfang beschrieben.

Trauben-Nuss-Schokolasagne

Stufe 1:
- 100 g Kakaobohnen
- 100 g Cashewnüsse

- 20 g lila Maismehl
- 50 g Kokosöl
- 50 g Kakaobutter

Stufe 2:
- 50 g Sesamöl
- 65 g Honig
- Einige Salzkörnchen

Weitere Zutaten:
- 30 g Haselnüsse
- 25 g grüne Rosinen

Eine große Lasagneform (ca. 24 x 13 cm) und eine kleine (18 x 12 cm) mit Haushaltsfolie auslegen. Rosinen und Nüsse auf dem Boden der Formen verteilen. Schokoladenmasse in die Lasagneformen gießen und gleichmäßig fließen lassen.
Herstellung wie am Kapitelanfang beschrieben.

Trauben-Snikki-Schokolade

Stufe 1:
- 80 g Cashewnüsse
- 20 g Mandeln
- 90 g Kakaobohnen
- 3 cm Vanillestange
- Einige Salzkörnchen

Stufe 2:
- 55 g Sesamöl
- 70 g Honig

- 10 g Carobpulver
- 20 g Kakaopulver
- 40 g Kokosöl
- 65 g Kakaobutter

Weitere Zutaten:
- 50 g Erdnüsse, geröstet und gesalzen
- 50 g grüne Rosinen

Herstellung siehe Kapitelbeginn.

Trauben-Snikki-Schokolade wild und auf Wunsch

Stufe 1:
- 70 g wilde Erdnüsse
- 30 g Mandeln
- 85 g Kakaonibs

Stufe 2:
- 55 g Sesamöl
- 1/2 TL Vanillepulver
- 1 Prise Salzkörnchen
- 60 g Honig

- 20 g Carobpulver
- 10 g Kakaopulver
- 40 g Kokosöl
- 65 g Kakaobutter

Weitere Zutaten:
- 50 g Erdnüsse, geröstet und gesalzen
- 50 g grüne Rosinen

Herstellung siehe Kapitelbeginn.

Trauben-Walnuss-Schokolade

Stufe 1:
- 100 g Cashewnüsse
- 80 g Kakaobohnen
- 3 cm Vanillestange

Stufe 2:
- 25 g Mandelöl
- 25 g Sesamöl
- 60 g Honig

- 30 g Carobpulver
- Einige Salzkörnchen
- 30 g Kokosöl
- 70 g Kakaobutter

Weitere Zutaten:
- 40 g Walnüsse
- 40 g grüne Rosinen

Herstellung siehe Kapitelbeginn.

Vegane Schokolade Traubennuss

Stufe 1:
- 100 g Kakaonibs
- 100 g Mandeln
- 115 g Datteln (netto gewogen)
- 70 g Sonnenblumenöl

Stufe 2:
- 50 g Kokosöl
- 1 MS Vanillepulver
- 1 kleine Prise Salz
- 50 g Kakaobutter
- 25 g grüne Rosinen

Weitere Zutaten:
- 10 g Haselnüsse
- 20 g Mandeln

Zwei Lasagneformen (ca. 8 x 13 cm) mit Haushaltsfolie auslegen. Stufe 1 mahlen, bis die Masse sich vom Rand löst und gut aus dem Becher nehmen lässt. In eine Schüssel umfüllen. Datteln ggf. entsteinen. Öl in den Mixer abwiegen und mit den Datteln so gut wie möglich pürieren. Kakaomasse, Vanille, Salz und Kokosöl hinzufügen. Kakaobutter fein abraspeln und obenauf geben. Mit dem Stößel bei langsam ansteigender Geschwindigkeit verarbeiten. Zwischendurch mit einem Spatel die Ecken "ausheben" und Reste vom Rand herunterdrücken. Immer wieder neu auf der Höchststufe laufen lassen, bis die Schokolade homogen, gleichmäßig braun und warm, aber noch nicht heiß ist. Rosinen, Haselnüsse und Mandeln kurz unterrühren; sie sollen möglichst nicht zerkleinert werden.
Schokoladenmasse in die Lasagneformen gießen und gleichmäßig verteilen. Nach 12 Std. mit einem Messer vorsichtig Stücke anritzen. Im Kühlschrank aufbewahren.
Die Schokolade ist nicht nur vegan, sondern hat auch Rohkostqualität.

Maca Inside

Stufe 1:
- 50 g Cashewnüsse
- 50 g Mandeln
- 1 Vanillestange
- 1 kleine Prise Salz
- 2 g gem. Muskatnuss

Stufe 2:
- 30 g Sesamöl
- 20 g Carobpulver

- 10 g Kakaopulver
- 60 g Honig
- 40 g Kokosöl
- 60 g Kakaobutter

Weitere Zutaten:
- 48 Macadamianüsse ganz oder 24 halbierte Macadamianüsse

Zubereitung von Stufe 1 und Stufe 2 wie beschrieben. In jede Mulde der großen Form eine ganze bzw. eine halbe Macadamianuss legen. Dann die flüssige Schokolade vorsichtig darüber gießen.

Konfekt

Das Kapitel Konfekt hat drei Unterkapitel: einmal so eine Art Frucht-gummi, das mich stark an das „Maoam" meiner Jugend erinnert. Die-se Pseudo-Maoams gehen besonders schnell, benötigen nur wenige Zutaten – laufen aber immer Gefahr, dass das Nussfett austritt. Das beeinträchtigt den Geschmack nicht, es findet aber vielleicht nicht je-der so schön. Die Herstellung ist schnell beschrieben: Alle Zutaten ab in den Mixer und fleißig mit einem Stößel bearbeiten, bis eine einheit-liche, möglichst glatte Masse entstanden ist. Dabei kann es passieren, dass der Mixermotor überhitzt. Ggf. Gerätesicherung umklappen und 15-20 Minuten warten.

Das zweite ist Nougat. Auch hier gibt es einige leckere Varianten. Die Herstellung ist dort beschrieben. Und dann natürlich noch als Num-mer 3 ein wenig Rohkostkonfekt.

Fruchtgummis

Goji-Fruchtgummi

- 135 g Cashewnüsse
- 65 g Pekannnüsse
- 100 g getr. Gojibeeren
- 1 gute MS Vanillepulver
- 1 kleine Prise Zimt
- 10 g Honig

Im Mixer glatt „quetschen" und z.B. in Blockformen pressen.

Mandel-Fruchtgummi

- 10 g Cashewnüsse
- 90 g blanchierte geschälte Mandeln
- 60 g grüne Rosinen
- 1 MS Vanillepulver
- 25 g Honig

Fruchtgummi Banane

- 105 g getr. Banane
- 20 g Orangeat
- 150 g Cashewnüsse
- 30 g fein geraspelte Kokosbutter

Fruchtgummi-Dreifaltigkeit

- 95 g Cashewnüsse
- 50 g getr. Mango, in Stücken
- 65 g entsteinte große Datteln (d.h. netto gewogen)
- 50 g grüne Rosinen
- 20 g fein geraspelte Kakaobutter

Fruchtgummi gewürzt

- 100 g Cashewnüsse
- 100 g Mandeln ungeschält
- 125 g Datteln netto
- 1 kleine Prise Salz
- 1 gestr. TL gem. Kardamom
- 1 gestr. TL gem. getr. Ingwer

Mischfruchtgummi

Verarbeiten bis weich und püriert; bleibt aber ein wenig stückig:
- 15 g Kakaobutter
- 55 g grüne weiche Rosinen
- 40 g getr. Mango
- 120 g Macadamianüsse

Para-Fruchtgummi

- 100 g Paranüsse
- 45 g Mandeln ungeschält
- 55 g Cashewnüsse
- 155 g grüne Rosinen

Pflaumen-Fruchtgummi

- 100 g Cashewnüsse
- 100 g Haselnüsse
- 125 g Softpflaumen (150 g wäre besser gewesen!)

Rosinen-Fruchtgummi

- 100 g Cashewnüsse
- 85 g grüne Rosinen
- 30 g fein geraspelte Kakaobutter

Verarbeiten, bis alles gelöst. Vorsicht: Butter setzt sich in die Ecken, musste ich mit Löffel herausholen. Fett setzte sich auch hier ab.

Rosinen-Fruchtgummi mit Kokos

- 100 g Cashewnüsse
- 80 g grüne Rosinen
- Etwas Vanillepulver
- 20 g Kokosöl

Rosinen-Fruchtgummi sehr süß

- 100 g Cashewnüsse mit
- 100 g Rosinen zu einer glatten Masse verarbeiten;
- 10 g Kokosöl
- 20 g Kakaobutter untermischen.

Schoko-Fruchtgummi vegan

- 100 g Cashewnüsse
- 25 g Kakaonibs
- 90 g grüne Rosinen

Ananas-Fruchti

Das ist das einfachste Rezept hierfür – und gleichzeitig eines der aromatischsten. Wichtig ist hier, gute Ananas zu kaufen. Ich hatte welche, wo die ganzen Ringe getrocknet waren. Da muss aber wirklich ein sehr starker Mixer her!

- 250 g Cashewnüsse
- 150 g getr. Ananasringe (Ghana z.B.)

In den Mixer geben (bei mir der 1,4-Literbecher, der ist günstig, wegen der größeren Grundfläche) und feste mit dem Stößel bearbeiten, bis sich eine durchgängig fest-glatte Masse ergibt. Wird ziemlich heiß!

Aprikosen-Fruchtgummi

- 125 g Cashewnüsse
- 125 g Pecannüsse
- Einige Salzkörnchen
- 1 MS Vanillepulver
- 175 g Soft-Aprikosen

Alle Zutaten mit dem Stößel bearbeiten, bis sich eine homogene Masse ergibt. Sie ölt ein wenig. Mit den Händen kleine Kugeln formen.

Kirsch-Fruchtgummi

- 200 g Cashewnüsse
- Einige Salzkörnchen
- 25 g Honig
- 150 g getr. Süßkirchen

Alle Zutaten mit dem Stößel bearbeiten, bis sich eine homogene Masse ergibt. Sie ölt ein wenig. In große Schokoladenformen pressen, überstehendes Fett mit Küchenpapier abtupfen.

Nougat

Mandelnougat geröstet, aber nicht verbrannt

- 250 g Mandeln rösten (ca. 10 Min.), dann ebenfalls rösten:
- 35 g Cashewnüsse mit
- 65 g Mandeln und
- 50 g Kakaonibs (erst am Ende hinzugeben) nicht ganz so lange; Kakao riecht dann etwas "säuerlich";
- 2 cm Vanillestange und
- Einige Salzkörnchen mit den Nüssen/Kakao zusammen im Vitamix zu einer schönen glatten Masse verarbeiten (Stößel, 1,4-Liter-Becher). Hinzufügen:
- 20 g Macadamianussöl
- 80 g Honig und
- 50 g Kokosöl; die Nussmasse oben auffüllen, bedecken mit
- 50 g Kokosbutter, in feinen Scheiben. Mit dem Stößel gut verarbeiten, etwa solange wie Schokolade, damit das Fett sich nicht absetzt. In eine Schokoladenform geben und im Kühlschrank fest werden lassen.

Nussnougat

- 250 g Haselnüsse in einer breiten Pfanne gut rösten, bis sie duften und teils die Haut abspringt. Im Vitamix zusammen mit
- 200 g Kakaonibs gut durchmixen, dann
- 175 g Honig
- 1 winzige Prise Salz und
- 10 g Macadamianussöl feste einarbeiten.

Wird irgendwie recht grobkörnig... muss ich noch dran arbeiten, war mir damals klar :-)

Nougat mit Gerste

- 250 g Haselnüsse in einer breiten Pfanne gut rösten, bis sie duften und teils die Haut abspringt, zwischen zwei Küchentücher möglichst abribbeln. Im Mixer zusammen mit
- 50 g Kakaonibs gut durchmixen, bis cremig.
- 50 g Gerste rösten (ergibt 35 g), sehr fein mahlen, mit
- 160 g Honig
- 1 winzige Prise Salz und
- 15 g Macadamianussöl und
- 50 g Kakaobutter, fein geschnitten, feste einarbeiten.

In die Schokoladenform pressen, im Kühlschrank erkalten lassen. Macadamianussöl tritt aus!

Nougat Variante

- 250 g Haselnüsse rösten (2000 W, dann runter auf 1200-800 Watt, bestimmt 10 Min.); dann in einem Küchentuch einen Teil der Schalen abreiben.
- 50 g Cashewnüsse mit
- 50 g Mandeln und
- 50 g Kakaonibs ebenfalls rösten, jedoch weniger heiß und nicht ganz so lange; Kakao riecht dann etwas „säuerlich".

Alles zusammen im Mixer zu einer schönen glatten Masse verarbeiten (Stößel, 1,4-Liter-Becher). Umfüllen. In den Becher

- 20 g Macadamianussöl
- Einige Salzkörnchen
- 1 gestr. TL Vanillepulver
- 70 g Honig und
- 50 g Kokosöl geben; die Nussmasse oben auffüllen, darauf:
- 50 g Kokosbutter, in feinen Scheiben. Mit dem Stößel gut verarbeiten, etwa solange wie Schokolade, damit das Fett sich nicht absetzt. In eine Schokoladenform geben und im Kühlschrank fest werden lassen.

Nougat-Variante mit Amaranth

- 350 g Mandeln mit
- 50 g Kakaonibs und
- 20 g Amaranth rösten (10 Min. unterrühren), nach einer Weile
- 30 g Erdnussöl hinzugeben (besser mit der Zugabe nicht zu lange warten, die Pfanne ist sonst auf immer verschmutzt), mit
- 1 Prise Salz im Mixer zu einer schönen glatten Masse verarbeiten (Stößel, 1,4-Liter-Becher),
- 80 g Honig hinzufügen, nochmals durcharbeiten. Dann zum Schluss:
- 65 g Kokosöl und
- 35 g Kokosbutter in feinen Scheiben. Mit dem Stößel gut verarbeiten, etwa solange wie Schokolade, damit das Fett sich nicht absetzt. In eine Schokoladenform geben und im Kühlschrank fest werden lassen.

Nougat-Variante mit Quinoa

- 350 g Mandeln
- 50 g Kakaonibs
- 20 g Quinoa nacheinander in einer trockenen Pfanne rösten, mit
- 1 Prise Salz im Hochleistungsmixer (hier: Stößel, 1,4-Liter-Becher), zu einer schönen glatten Masse verarbeiten. Umfüllen.
- 80 g Honig in den Becher geben, darauf
- 10 g Sesamöl, die Mandelmasse zurückfüllen und mit
- 40 g Kokosbutter in feinen Scheiben bedecken. Mit dem Stößel vorsichtig verarbeiten, bis die Butter sich vollständig aufgelöst zu haben scheint. Sind doch noch einige kleine Stücke über in der jetzt heißen Masse per Hand vermischen. In eine Schokoladenform pressen.
- 25 g Pistazien auf die Oberfläche geben und fest eindrücken. Im Kühlschrank fest werden lassen.

Rohkostkonfekt

Mini-Erdbömbchen mit Mangoeffekt

- 50 g Erdmandeln
- 40 g Datteln, grob gewürfelt
- 30 g getr. Mango, grob gewürfelt
- 5 g Sonnenblumenöl
- 5 g Cashewnussmus
- 1 Prise Orangensalz

Erdmandeln im Vitamix mahlen, 10 g zur Seite legen. Restliche Zutaten hinzufügen und allmählich bis auf Stufe 7 hochdrehen. In eine Schale umfüllen, Masse mit der Hand durchkneten, bis sie geschmeidiger wird. Mit Druck Kugeln formen, im Erdmandelmehl wälzen, auch dabei etwas Druck ausüben.

Marmorkugeln "Notfall-Edition"

- 50 g Haselnüsse
- 15 g Mandeln
- 65 grüne Rosinen
- 30 g Cashewnussmus

Darauf achten, dass alle Zutaten Rohkostqualität haben - gerade bei Nussmus ist das nicht immer gegeben.

Haselnüsse, Mandeln und Rosinen im Zerkleinerer so lange hacken, bis alles klein geschlagen ist (keine Teile größer als 1 mm im Durchmesser). Cashewnussmus hinzugeben, nochmals durchschlagen lassen.
Jeweils 1 TL der leicht krümeligen Masse zwischen den Händen fest zu Kugeln rollen und in Pralinenförmchen setzen.

Schoko-Orangenwürfel

- 100 g Kokosbutter vorsichtig erwärmen,
- 100 g Haselnüsse,
- 200 g Mandeln und
- 50 g Kakaonibs mahlen (es können ruhig ein paar Nussstücke verbleiben), mit
- 70 g Honig
- 100 g Rundkorn-Naturreis, fein gemahlen, und
- Feingeriebene Schale von 3/4 Orange mit einem Handrührgerät verkneten. Zum Schluss noch
- 65 g Orangeat einarbeiten.

Eine Form oder eine Platte mit Haushaltsfolie auslegen. Teig darauf geben und eine ca. 1-1,5 cm hohe Platte daraus formen. Mit dem Rücken eines Messers Würfel mit einer Kantenlänge von 2-3 cm schneiden und im Kühlschrank fest werden lassen.

Anisfruchtkugeln

- 100 g Sonnenblumenkerne
- 1 gestr. TL Anis (ungemahlen)
- 100 g getr. Aprikosen
- 100 g getr. Datteln
- 100 g Rosinen
- 50 g Mandeln
- 3 EL Zitronensaft (30 g)
- 1 EL Honig (50 g)

Zubereitung beschrieben für den Thermomix. Mixer oder Zerkleinerer gehen auch. Sonnenblumenkerne mit dem Anis fein mahlen (1 Min. Stufe 10) und in eine Schüssel füllen. Trockenfrüchte mit den Mandeln zerkleinern (1 Min. Stufe 4, 10 Sek. Stufe 6). Gemahlene Sonnenblumenkerne, Zitronensaft und Honig hinzufügen und mischen (Kneten, 2 Min.). Jeweils Masse einer großen halben Walnuss abnehmen, zwischen den evtl. knapp befeuchteten Händen zu Kugeln rollen und in Papierförmchen legen. Im Kühlschrank etwas fester werden lassen, dann in einer gut schließenden Plastikdose im Kühlschrank aufbewahren.

Nachspeisen

Meist handelt es sich hier um Obstspeisen. Vollwertler haben häufig den Appetit auf Nachspeisen verloren, bei Anfängern und für Besuch sind Desserts noch gefragt. Die Portionenzahl der Rezepte hier richtet sich nach dem Appetit der Esser. Vegane Rezepte sind in diesem Kapitel ebenfalls mit einem Sternchen (*) gekennzeichnet.

Amaranth-Creme mit Pflaumendecke

- 50 g Amaranth mit
- 1 g Orangenschale getrocknet (ca. 2 cm^2)
- 1 g Vanilleschote (ca. 2 cm)
- 125 g Kokosmilch (aus der Dose oder frisch)
- 140 g Wasser
- 20 g Honig im Hochleistungsmixer gut 4 Min. schlagen, es dickt dann. Auf zwei kleine Schüsseln verteilen, kühl und fest werden lassen. Im kleinen Mixer:
- 200 g tiefgekühlte, aufgetaute Pflaumen (inklusive Saft) mit
- 1/4 TL Vanillepulver und
- 35 g Honig (Honigmenge je nach Obst) verquirlen, einen Teil über die Amaranthcreme gießen, den Rest getrennt reichen. Mit
- 1-2 TL Kokosraspeln bestreuen.

Bratapfel aus der Form

- Öl für das Förmchen
- 1/2 Apfel (75 g)
- 20 g getr. Aprikosen, gewürfelt
- 20 g Mandeln
- 15 g Zitronenscheiben geschält
- 170 g Wasser
- 1 Prise Vanillepulver
- 10 g Honig

Ein Förmchen (Durchmesser etwa 9-10 cm) einölen, Apfel würfeln und mit Aprikosenwürfel mischen. In die Form füllen. Restliche Zutaten in einem kleinen Mixer verquirlen, bis 1 cm unter Höhe der Form gießen, so dass die Äpfel bedeckt sind. Deckel auflegen, in den kalten Ofen geben und 30 Min. bei 200 °C garen, die letzten 5 Min. ohne Deckel.

Macadamia-Vanille-Pudding

- 20 Macadamianüsse
- 4 g Sonnenblumenöl
- Einige Salzkörnchen
- 30 g Honig
- 2 cm Vanillestange (ohne Vanille ist es sogar Rohkost)
- 200 g eiskaltem Wasser

1 Min. im Hochleistungsmixer schlagen.

- 15 g Chiasamen in einem kleinen Mixer mahlen, mit
- 100 g sehr kaltem Wasser in den Hochleistungsmixer geben, nochmals 10-20 Sek. schlagen, in zwei oder drei Schälchen gießen und im Kühlschrank aushärten lassen.

Quittenkaltschale *

- 35 g Paranüsse
- 1 Quitte (ging unzerteilt, 170 g)
- 2 g Ingwer
- 1 Dattel (20 g netto)
- 1 Mandarine (70 g netto)
- 60 g Trauben, klein und süß
- 30 g Wasser im Hochleistungsmixer pürieren, dann
- 160 g Eiswürfel mit dem Stößel einarbeiten.

Schokoladencreme heiß & vegan *

- 3 Datteln (55 g netto)
- 3 EL geflockter Nackthafer
- 1 EL geflockter Rundkornreis
- 1 EL Kakaopulver (6 g)
- 25 g Viernussmus
- 1/2 Stange Vanille, kurz im Hochleistungsmixer pürieren, dann
- 400 g heißes Wasser hinzugeben & rühren auf höchster Geschwindigkeit, bis es glatt und cremig ist.

Ist fast ungesüßt; wer gerne süß isst, nimmt mehr Datteln. Wird kalt vermutlich noch fester. Sehr sättigend.

Schokokaki mit Himbeer

Nachspeise für 2 Personen; Rohkost möglich

Schokoladenmasse:
- 25 g Kakaobohnen
- 25 g Cashewnüsse
- 1 nicht zu große Kaki (205 g netto)
- 20-40 g Honig (je nach Reifegrad der Kaki)

Kakaobohnen mit Nüssen im Hochleistungsmixer (0,9 Liter-Becher) fein schlagen. Feste Masse mit einem Löffel lösen. Kaki in Stücke teilen und mit dem Honig zu der Schokoladenmasse geben, gut durchschlagen. Wird recht steif, da sowohl Kakaobohnen als auch Kaki gelieren. In Nocken (Ess- oder Eislöffel) auf 2 Schüsselchen verteilen.

Beerensoße:
- Saft von 1/2 Zitrone (10-11 g)
- 20 g Honig
- 50 g gefrorene Himbeeren (2 intakte zur Seite legen)

Die Zutaten in einem kleinen Mixer gut verquirlen. Mit einem Löffel über die Hälfte der Schokonocken geben. Die beiden übrig gelassenen Himbeeren auf die andere, noch freie Hälfte der Schokoladenmasse setzen, den roten Teil am Rand mit

- 1-2 TL Kokosraspeln bestreuen. Gut kühlen.

Mandarinen-Kokoscreme *

Im Hochleistungsmixer
- 1 EL Chiasamen (15 g)
- 50 g Kokosraspeln
- 1 geschälte Mandarine (80 g netto)
- 1 Dattel entsteint (17 g) und
- 200 g Wasser gut durchmixen. Auf 3 kleine Schüsselchen verteilen, mit
- 9 Inkabeeren (Physalis) dekorieren.

Schokoladenpudding Rohkost

- 30 g Kakaobohnen
- 3 cm Vanillestange
- 4 Datteln (65 g netto)
- Einige Körnchen Salz
- 1 TL Honig (15 g)
- 30 g Mandeln
- 200 g + 100 g kaltes Wasser
- 25 g Chiasamen

Kakaobohnen, Vanille, entsteinte Datteln, Salz, Honig, Mandeln und 200 g Wasser im Hochleistungsmixer 30 Sek. lang auf der Höchststufe pürieren. 100 g Wasser hinzufügen, nochmals 20 Sek. pürieren. Chiasamen in einem kleinen Mixer mahlen, hinzugeben und Hochleistungsmixer nochmals 10 Sek. laufen lassen. Auf 2 Schüsselchen verteilen (ist jetzt lauwarm) und in den Kühlschrank stellen.

Buchweizen-Pudding *

- 30 g Buchweizen flocken mit
- einigen Salzkörnchen
- ein Stück Zitronenschale frisch
- 2 cm Zimtstange
- 2 cm Vanillestange
- 20 g grüne Rosinen in einen Topf geben. In einem kleinen Mixer
- 20 g Cashewnüsse mit
- 200 g Wasser mixen (wer eine Creme möchte, nimmt mehr Wasser). Auch in den Topf geben. Unter Rühren zum Kochen bringen, köcheln, bis kein Wasser mehr abgesondert wird. Dann 5 Min. quellen lassen.
- 1/2 Banane (45 g netto) in Stücken unterrühren und auf 2 Schüsselchen verteilen. Mit
- 1 EL Pistazien und
- 2 Prisen Carobpulver bestreuen. Für Süßspechte:
- Jeweils noch etwas Honig obenauf geben.

Schichtpudding

(Dessert für 2-3 Personen)

Schokoschicht:
- 30 g Kokosraspeln
- 15 g Kakaobohnen
- 1 große Dattel (ca. 18 g)
- 70 g Wasser

Erdbeerschicht:
- 80 g Erdbeeren (netto)
- 2-3 TL Chiasamen (ca. 8-10 g)

Weiße Schicht:
- 40 g Cashewnüsse
- 40 g Wasser
- 10 g Walnussöl (oder Kokosöl)
- 1 TL festerer Honig (15 g)
- 5 g Zitronensaft

Dekoration:
- Einige Kakaonibs
- 2-3 Inkabeeren

Die Zutaten für die _Schokoschicht_ in einem kleinen Mixer mit dem hochstehenden Messer gut mixen (nicht länger als 1 Minute). Auf zwei Gläser verteilen. Für die _Erdbeerschicht_ Erdbeeren waschen, putzen (das Grün und Schadstellen abschneiden). Mit den Chiasamen fein pürieren. Wenn die Erdbeeren aromatisch sind, ist wegen der beiden anderen süßen Schichten kein weiteres Süßungsmittel erforderlich. Auf der Schokoschicht verteilen. Für die _weiße Schicht_ Cashewnüsse im Wasser 30-60 Min. einweichen. Dann mit den anderen Zutaten zu einer dickflüssigen Soße schlagen und auf der Erdbeerschicht verteilen. Mit Kakaonibs bestreuen, in die Mitte eine Inkabeere setzen.

Stachelbeerschaumcreme - roh & vegan *

- 205 g Stachelbeeren (weiche), mit Stängel und Blütenansatz
- 25 g grüne Rosinen (mit Datteln wird es zu dunkel)
- 25 g Chiasamen
- 20 g Cashewnussmus oder Cashewnüsse, alles zusammen in einem starken Mixer zu einer glatten Creme schlagen; in Gläser umfüllen und mit
- 1-2 Stachelbeeren, längs durchgeschnitten, dekorieren; kalt stellen.

Apfelklöße mit Mohn

Nachtisch für 4 Personen

Klöße:
- 125 g Einkorn (oder Dinkel)
- 2 Prisen Salz
- 1 TL Weinstein-Backpulver
- 15 g Mandelmus
- 1 EL Sonnenblumenöl
- 60 g Wasser
- 4 Scheiben getr. Äpfel

Mohnsoße:
- 20 g Butter
- 1 TL Honig (10 g)
- 1 TL Mohn (5 g)

Einkorn fein mahlen. Mit den anderen Kloßzutaten zu einem festen, geschmeidigen Teig kneten (dauert etwa 5 Min.) und eine Kugel formen. Abgedeckt ca. 30 Min. ruhen lassen. Die Apfelstücke kleinschneiden und ca. 5 Min. einweichen. Vier Klöße ausformen und in jeden Kloß eine Delle drücken, Apfelstücke hineingeben und die Kugel sorgfältig schließen, nochmals 10-15 Min. ruhen lassen.

In kochendes Salzwasser geben, sofort die Hitze herunterstellen, damit das Wasser nur noch siedet, und 10 Min. ziehen lassen. Zwischendurch vorsichtig wenden, z.B. mit einem Schaumlöffel oder Pfannenwender. In einem Sieb kurz abtropfen lassen.

Die Soßenzutaten in einer kleinen Pfanne erwärmen, bis die Butter fast eine beige Farbe annimmt. Die Klöße mit zwei Gabeln aufreißen und mit der Mohnbutter begießen. Schöner wird es, wenn erst der Mohn über die Klöße gestreut, der Honig darauf getröpfelt und die Butter darüber gegossen wird. Es schmeckt allerdings besser, wenn alles zusammen in der Pfanne erhitzt wurde. Veganer können statt Butter ein schönes Nussöl und statt Honig eine Dattelsoße verwenden.

Veganer Milchreis (mit Apfelcreme) *

Quasi-Milch
- 5 g Cashewnüsse
- 10 g Sonnenblumenöl
- 1 Prise Salz
- 400 g Wasser

Cashewnüsse, Öl, Salz und 100 g Wasser in einem kleinen Mixer im großen Becher 30 Sek. schlagen, dann 200 g Wasser hinzugeben, wiederholen, mit den letzten 100 g Wasser mischen. Achtung: Die Quasi-Milch wird im Hochleistungsmixer noch schöner.

Reis
- 100 g Rundkorn-Naturreis
- 1 Stange Vanille, in drei Stücke geschnitten
- 1 kleine Stange Zimt
- 2 Streifen Zitronenschale (je ca. 1 x 4 cm)
- 400 g Quasi-Milch

Alles in den Schnellkochtopf geben. Auf dem 1. Ring 25 Min. garen, dann Herd abstellen und 10 Min. auf der Platte abdampfen lassen. Dann den Schnellkochtopf öffnen. Wer den Milchreis warm isst, sollte vielleicht nur 350 g Flüssigkeit nehmen, während des Abkühlens quillt der Reis noch nach.

Apfelcreme
- 30 g Cashewnussmus
- 2 Äpfel (200 g)
- 15 g Zitronensaft
- 10 g Honig (für Veganer: Datteln oder Dattelsoße)

Alle Zutaten im Hochleistungsmixer pürieren. Zimt schmeckt auch gut dazu. Eine weitere Möglichkeit: getr. Aprikosen / getr. Pflaumen mit etwas Wasser 10 Min. köcheln.

Obstsalat zum Dinner

Dies ist eine schöne Hauptspeise für 2 Personen, wenn es richtig heiß ist. Als Nachtisch reicht es vermutlich für 4-5 Personen.

Obst:
- 1 Banane (ca. 100 g netto)
- 1 mittelgroßer Apfel (ca. 150 g)
- 250 g Erdbeeren brutto
- 250 g Aprikosen brutto
- 1/2 kleine Wassermelone

Banane schälen, Erdbeeren putzen, Aprikosen entsteinen und zusammen mit dem Apfel klein schneiden, Größe der Stücke nach Wunsch. Etwa 2/3 der Wassermelone schälen, klein schneiden. Das Obst in der angegebenen Reihenfolge auf 2 Schüsseln verteilen.

Soße:
- 55 g Cashewnüsse
- 170 g Wassermelone (netto)
- 1 MS Vanillepulver
- 3 g frischer Ingwer (ungeschält)
- 1 Scheibe Zitrone ohne Schale (25 g netto)
- 25 g Honig

Soßenzutaten in einem Mixer ganz glatt schlagen. Über das Obst verteilen. Mit ein paar Gojibeeren oder mit Nüssen dekorieren.

Aprikosen-Sommerhit *

Im Hochleistungsmixer verquirlen und in ein Schüsselchen geben:
- 2 große Aprikosen, entkernt (130 g netto)
- 1 kleine Nektarine ohne Stein (75 g netto)
- 15 g Chiasamen
- 15 g Kokosraspeln; mit
- 1-2 TL Kokosraspeln und
- 1/2 TL Kakaonibs dekorieren

Vanillecreme

- 50 g Cashewnüsse
- 50 g Hirse
- 300 g Wasser
- 20 g Honig
- 1 TL Vanillepulver
- 1 Prise Salz

Cashewnüsse im Mixer und Hirse mit der Getreidemühle fein mahlen. Wasser, gemahlene Nüsse und Hirsemehl im Mixbecher gut durchmixen und in einen Topf geben. Vanille und Salz zugeben und unter Rühren mit einem Schneebesen langsam erhitzen. Creme 2-3 Min. köcheln lassen und Honig einrühren. Schmeckt warm, aber auch kalt sehr lecker. Genauso gut passt die Creme zu süßem Gebäck, wie zum Beispiel Waffeln.

Fruchtpudding mit Mango *

- 120 g Mango, geschält und grob gewürfelt
- 75 g Orange, geschält, gewürfelt und ohne Kerne
- 25 g getr. Mango, grob gewürfelt
- 25 g Datteln (netto), grob gewürfelt
- 10 g Chiasamen
- 1 TL (6 g) Zitronensaft
- 85 g Wasser

Alle Zutaten in einen Hochleistungsmixer geben. Von der kleinsten Stufe langsam hochdrehen, gut pürieren. Die Masse in ein Schälchen füllen und mindestens 30 Min. in den Kühlschrank stellen. Dabei gelieren die Chiasamen und festigen die Masse. Der Pudding wird schön luftig und etwas schaumig. Diese Creme schmeckt auch zu Biskuitteig oder Rohrnudeln und passt gut zu Rohkost-Nuss-Törtchen, falls alle verwendeten Zutaten Rohkostqualität haben.

Orientalische Aprikosencreme mit Shortbread

- 150 g getr. Aprikosen
- Wasser zum Einweichen
- 50 g Naturreis
- 50 g Cashewnüsse
- 1 Prise Salz
- 100 g Wasser
- 40 g Mandeln
- 60 g Honig
- 1 TL Rosenwasser
- 1/2 TL gem. Kardamom

Aprikosen halbieren und über Nacht in einer Schüssel in Wasser einweichen. Am nächsten Tag den Reis fein mahlen und in den Hochleistungsmixer geben. Aprikosen mit dem Einweichwasser, Cashewnüssen, Salz und 100 g Wasser ebenfalls in den Hochleistungsmixer geben, alles gut durchpürieren, bis eine glatte Masse entstanden ist. Mandeln mit einem scharfen Messer in Stiftchen schneiden und trocken in einer Pfanne anrösten, bis sie leicht bräunen. Honig mit in die heiße Pfanne geben und kurz aufkochen lassen. Die pürierte Masse einrühren und kurz köcheln lassen, dabei dickt die Masse etwas ein. Die Pfanne von der Platte nehmen, Rosenwasser und Kardamom einrühren. Entweder die Masse auf Schälchen verteilen oder in einer verschließbaren Dose abkühlen lassen und Nocken abstechen. Dazu gab es bei uns Shortbreadkekse, siehe im Kapitel Kleingebäck.

Kleine Erdbeerkaltschale

- 100 g Erdbeeren,
- 30 g gekochte weiße Bohnen,
- 20 g Honig und
- 70 g kaltes Wasser in einem Mixer pürieren, in einer Schüssel mit
- 1 Erdbeere und
- 1-2 TL Kokosraspeln dekorieren.

Vor dem Essen 30-60 Min. in den Kühlschrank stellen.

Karotten-Halwa

- 30 g Cashewnüsse
- 400 g Wasser
- 40 g Mandeln
- 1 TL Erdnussöl
- 80 g Möhre
- 80 g Speisemais (etwa so fein wie Grieß mahlen)
- 30 g Rosinen
- 20 g Kokosraspeln
- 25 g Honig
- 1/2 TL gem. Kardamom
- Eine Prise Zimt

Cashewnüsse im kleinen Mixer fein mahlen, mit Wasser zusammen zu einer Milch mixen. Mandeln grob hacken/in Stifte schneiden und in einem Topf im Erdnussöl anrösten. Möhre fein raffeln und zu den Mandeln geben. Mais einrühren, Cashewmilch angießen und gut verrühren. Rosinen und Kokosraspeln zugeben und alles für ca. 5 Min. köcheln lassen, dabei gut rühren, damit nichts anbrennt. Deckel auflegen und 15 Min. auf der ausgeschalteten Platte ausquellen lassen. Honig und Gewürze unterheben. Je nach Vorliebe auch mehr Honig nehmen oder die Gewürze anders dosieren. Wer den Honig weglässt und mehr Trockenfrüchte verwendet, hat eine vegane Variante.

Mais-Mohn-Creme

- 100 g Speisemais, mahlen wie Grieß
- 280 g Wasser mit
- 20 g Cashewnüssen zu einer Milch gemixt
- 40 g Honig
- 10 g Mohn, flocken oder im Mörser quetschen
- 1 gestr. TL Vanillepulver

Alles in einen Topf geben, mit einem Schneebesen mischen. Unter ständigem Rühren aufkochen und für 5 Min. köcheln lassen. Abgedeckt 10 Min. ausquellen lassen. Schmeckt auch warm.

Warme Erdbeercreme *

- 150 g gemischtes Getreide (Weizen, Roggen, Hafer, Gerste)
- 40 g Mandeln
- 1 TL Erdnussöl
- 1/2 TL gem. Kardamom
- 1/2 TL Zimt
- Etwas Ingwerpulver
- Gem. schwarzer Pfeffer (wer mag auch etwas Chili)
- 410 g Wasser
- 30 g Cashewnüsse
- 185 g Banane (netto)
- 220 g Erdbeeren (netto)

Getreide flocken. Mandeln grob raffeln oder hacken. Banane mit der Gabel zerdrücken. Erdbeeren waschen, abtropfen lassen und das Grün abzupfen. In Stücke schneiden.
Cashewnüsse zusammen mit dem Wasser im Hochleistungsmixer 2 Min. zu einer Milch mixen. Erdnussöl in einem Topf erhitzen, darin die Mandeln mit den Gewürzen etwas rösten, bis es duftet. Mit der "Cashewmilch" ablöschen und mit einem Schneebesen die Flocken einrühren. Aufkochen lassen und auf der ausgeschalteten Herdplatte 10 Min. ausquellen lassen. Gelegentlich umrühren, damit nichts anbrennt. Zerdrückte Banane unterheben, die Masse auf Schälchen verteilen und mit den Erdbeeren belegen.
Wer keinen Hochleistungsmixer hat, kann die Cashewnüsse in einem kleinen Mixer fein mahlen, mit etwas Wasser aufmixen und das restliche Wasser extra in den Topf geben. Geschmacklich macht das keinen Unterschied.

Emmerschale

Beschrieben ist dies hier für einen richtig starken Hochleistungsmixer. „Natürlich" kann man diese Creme auch herkömmlich kochen, indem man das gemahlene Getreide in Wasser aufkocht und die anderen Zutaten zerkleinert hinzugibt. Ein Pudding aus dem Hochleistungsmixer ist aber ungleich glatter... so wie die holländischen Vanillepuddinge.

- 50 g Emmer
- 1 Vanillestange
- 1 Prise Salz
- 40 g Honig
- 1 kräftige Prise gem. Muskat
- 350 g Wasser
- 1-2 EL gefrorene Heidelbeeren

Alle Zutaten bis auf die Heidelbeeren in den Mixer geben und etwa 5 Min. auf der Höchststufe laufen lassen. Wenn die Masse stockt, kann man das sehen und auch hören, weil die Messer anders „laufen". In eine Schüssel umfüllen und die gefrorenen Heidelbeeren (oder anderes kleines Beerenobst) auf die Oberfläche legen, so dass einige Früchte oben liegen bleiben.

Erdbeeren mit Erdbeersoße

- 250 g geputzte Erdbeeren, halbiert (oder eine andere Obstsorte)
- 25 g Cashewnussmus
- 15 g moussierte Zitrone mit Honig
- 1 MS Vanillepulver
- 1-2 EL Heidelbeeren

Eine Hälfte der Erdbeeren auf einen Teller geben. Die andere Hälfte mit Nussmus, Zitronenhonig und Vanille in einem kleinen Mixer gut mixen, über die Erdbeeren geben und mit den Heidelbeeren dekorieren. Wenn mehr als diese Portion (1-2 Personen) hergestellt werden sollen, eignet sich ein Hochleistungsmixer besser für die Soße.

Getränke

Der Brukerschen Vollwert folgend, sind Säfte ein „No Go". In den Videos auf dem Kanal http://www.youtube.com/umwrs oder der Webseite http:/www.vollwertkochbuch.de gibt es mehr Infos dazu. Auch der neuen Welle der Smoothies stehen wir kritisch gegenüber, denn sie sind eigentlich nur dickere Säfte. Besonders beliebt sind grüne Smoothies, möglichst mit Wildkräutern, weil sie so gesund sein sollen. Dennoch gibt es auch für Vollwertler eine Reihe von Getränken, die wegen ihrer Herstellungsweise nicht unter die Säfte fallen. Kakao gilt dabei eine besondere Leidenschaft in diesem Buch. Wobei hier die Hochleistungsmixer zwar sehr hilfreich sind, aber auch schon kleine Mixer hervorragende Dienste leisten. Dann muss man eben statt ganzer Vanillestangen das Pulver nehmen. Auch diese Getränke sollten immer sehr langsam verzehrt werden. Vegane Rezepte sind mit einem Sternchen (*) markiert.

Kakaos

Warm, kalt, ungesüßt, vegan... alles kommt hier bunt gemischt. Ich habe die Kakaos unter sich nicht noch einmal sortiert, auch nicht alphabetisch. Das Kapitel lädt zum Stöbern ein. Manch einer wundert sich vielleicht: Da sind aber zwei Rezepte sehr ähnlich! Ja und? Kleine Variationen haben manchmal dezente, manchmal auch große Konsequenzen. Wer die Variationen sieht, kommt vielleicht selbst ans Experimentieren. Und ein tolleres Ergebnis kann doch ein Buch gar nicht bringen.

Gerade bei den Kakaos fällt auf, dass unterschiedliche Geräte verwendet werden. Alle Getränke, die mit einfacheren Geräten hergestellt werden, sind in einem Hochleistungsmixer noch leichter herzustellen. Anders herum ist ein bisschen Umdenken gefordert. An einigen Stellen ist das erläutert, an anderen darf der Leser selbst denken ;-)

Kakao-Heilgetränk

Hilft prima bei Erkältungen! Mit Hochleistungsmixer, einfach die Zutaten einfüllen und weitermachen:

- 1 EL Kakaonibs
- 1 EL Nackthafer
- 2-4 cm^2 getr. Orangenschale
- 2 cm Vanillestange
- 1 EL Cashewnüsse
- 1 cm Ingwer, roh und ungeschält
- 400 g kochendes Wasser; 2 Min. mixen auf Höchstgeschwindigkeit, in eine Tasse füllen und mit
- 1 geh. TL Honig verrühren.

Kakao mit Erdmandel-Extra *

- 1 geh. EL Kakaobohnen
- 1 EL Cashewnüsse
- 1 EL Erdmandeln
- 2 entsteinte Datteln
- 6 g frischer Ingwer
- 310 g Wasser; im Hochleistungsmixer 5 Min. schlagen

Orangenkakao

- 1 EL Kakaobohnen
- 1 gestr. EL Mandeln
- 2 TL Nacktgerste
- 1 TL Honig
- 3 g frischer Ingwer
- Ger. Orangenschale am Stück (ca. 1 größerer Streifen)
- 310 g Wasser; im Hochleistungsmixer 5 Min. schlagen

Röst-Kakao *

- 20 g Nackthafer in einer kleinen Pfanne ohne Fett rösten, bis er duftet und knackt
- 20 g Kakaobohnen
- 20 g Cashewnüsse
- 2 cm Vanillestange
- 1 Dattel (20 g ohne Stein) mit dem gerösteten Hafer und
- 350 g Wasser im Hochleistungsmixer schön lange schlagen

Röst-Kakao extra strong

- 20 g Nackthafer-Flocken mit
- 20 g Kakaobohnen und
- 20 g Cashewnüssen in einer kleinen Pfanne ohne Fett rösten, bis der Hafer duftet. Mit
- 300 g Wasser im Hochleistungsmixer ca. 3-4 Min. schlagen,
- 1 TL Honig (20 g) unterrühren

Schaumkakao mit Marzipan

- 1,5 cm breites Stück Marzipan (von 250 g; ca. 30 g)
- 1 geh. EL Cashewnüsse
- 2 Scheiben frischer Ingwer
- 1 TL Kakaopulver
- 1 EL Nackthafer, geflockt

Im Hochleistungsmixer 5 Min. schlagen.

Sniggerdrink

- 20 g Erdnüsse, geröstet und gesalzen
- 1 TL Honig (15 g)
- 1 geh. TL Kakaopulver (7 g)
- 1 gute MS Vanille gem.
- 10 g Erdmandeln (optional)
- 5-10 g Buchweizen
- 310 g heißes Wasser

Im Hochleistungsmixer 4-5 Min. schlagen.

Veganer Kakao Nr. 1 *

- 15 g Nackthafer
- 15 g Kakaobohnen
- 1 TL Ingwerpulver
- 20 g Datteln netto
- 400 g kochendes Wasser

Hafer und Kakaobohnen fein mahlen (z.B. in einem kleinen Mixer, mit dem flachen Messer). Umfüllen und mit Ingwerpulver mischen. Die Datteln in Ringe schneiden, in dem Mixbecher eines kleinen Mixers mit kochendem Wasser überschütten, so dass etwa 1 cm Wasser übersteht. Sehr gut verschlagen (hochstehendes Messer). Dann das Mahlgut hinzugeben, mit kochendem Wasser bis zu etwa 3/4 Becherhöhe aufgießen und gut mixen. Zuletzt mit dem restlichen Wasser auffüllen und nochmals mixen.

Veganer Kakao Nr. 2 *

- 1 EL Mandeln (ca. 10 Stück)
- 1 EL Nackthafer
- 5 Kakaobohnen
- 30 g Datteln (netto)
- 10 g Ingwer, roh
- 400 g kochendes Wasser

Herstellung wie oben beschrieben.

Veganer Rachenputzer *

- 1 EL Nackthafer
- 1 EL Sonnenblumenkerne
- 1 EL Leinsamen
- 1 TL Ingwerpulver
- 3 Datteln (20 g netto)
- 400 g kochendes Wasser

Im Hochleistungsmixer alles zusammen oder in einem kleinen Mixer schrittweise mixen.

Blitzschokolade

- 1 TL Kakaopulver
- 1 TL Kokosöl
- 1 TL Honig
- Etwa 250-300 g Wasser

Kakao, Kokosöl und Honig in einer größeren Tasse verrühren. Mit kochendem Wasser aufgießen.

Brotkakao

- 45 g Brot
- 1 geh. EL Kakaonibs
- 2 cm Vanillestange
- 20 g Mandeln
- 1-2 TL Honig
- 400 g Wasser

Im Mixer 3-4 Min. schlagen.

Bounty-Drink

- 1 EL Nackthafer (15 g)
- 1 EL Kokosraspeln (10 g)
- 1 TL Kakaopulver (4 g)
- 1 TL Carobpulver (4 g)
- 1 TL Walnussöl (4 g)
- 1 Prise Getreidekaffee
- 25 g Honig
- Etwa 600 g kochendes Wasser,

Nackthafer und Kokosraspeln im kleinen Becher eines kleinen Mixers fein mahlen. Kakao, Carobpulver, Getreidekaffee, Öl und Honig hinzugeben, verrühren. Den Becher halb mit heißem Wasser auffüllen und durchmixen. In eine große Tasse füllen, Becher mit kochendem Wasser umschwenken. In die Tasse geben, mit kochendem Wasser auffüllen.

Erdnussmacacao

- 1 EL Erdnüsse
- 1 EL Nackthafer
- 1 gestr. EL Honig
- 1 TL Macapulver
- 1 TL Kakaopulver
- 100 g kochendes Wasser
- 400-500 g kochendes Wasser

Erdnüsse und Nackthafer zusammen in einem kleinen Mixer fein mahlen. Die restlichen Zutaten bis auf den letzten Punkt hinzugeben, mit einem Löffel durchrühren und dann nochmal gründlich im Mixer durchmischen. In eine große Bechertasse gießen, den Mixbecher mit kochendem Wasser nachspülen. Die Tasse mit kochendem Wasser auffüllen und einmal mit dem Löffel gut durchrühren.

Cremekakao im Bottich *

- 1 EL Kakaonibs
- 1 TL Macapulver
- 2 EL Nackthafer
- 1 EL Cashewnussmus
- 4 cm Vanillestange und
- 100 g Wasser mixen. Mit
- 500-600 g kochendem Wasser

auffüllen und nochmals sehr gut schlagen. Wem es nicht süß genug ist, der gibt Honig oder Trockenfrüchte hinzu.

Trinkschokolade Rohkost *

- 20 g Kakaobohnen
- 20 g Mandeln
- 40 g grüne Rosinen
- 215 g Wasser

Kakaobohnen und Mandeln in einem Mixer gut mahlen, dann die Rosinen mit zerkleinern, dann mit dem Wasser gut mixen. Im Hochleistungsmixer kann man Eiswürfel hinzufügen.

Trinkschokolade maulig *

- 20 g Kakaobohnen
- 20 g Erdnüsse (Rohkostqualität)
- 45 g getr. Maulbeeren
- 300 g Wasser

Sesam öffne dich-Kakao (roh) *

- 20 g Kakaobohnen
- 20 g Sesam, ungeschält
- 40 g grüne Rosinen
- 300 g Wasser

Rohschoko Banana-Rama *

- 5 Stück Kakaobohnen
- 15 g Cashewnüsse
- 1 kleine Banane (105 g netto)
- 450-500 g Wasser

Trinkschoko Schlürf

- 2 TL Carobpulver
- 2 Kakaobohnen
- 1 EL Nackthafer
- 2 EL Sahne
- 1 gehäufter TL Honig
- Etwa 300 g kochend heißes Wasser

Carobpulver, Kakaobohnen und Hafer im kleinen Mixer äußerst gründlich mahlen. Dann Sahne und Honig untermischen, dann das Wasser portionsweise zugeben und immer gut mixen.

Feige Trinkschokolade *

- 10 g Cashewnusskerne
- 30 g getr. Feigen (ohne Stiel)
- 10 g Naturreis
- 4 g Kakaopulver (1 TL)
- 1 EL Sahne
- 300-400 g kochendes Wasser

Cashewnüsse in einem kleinen Mixer im großen Becher fein mahlen. Feigen hinzugeben, 100 g kochendes Wasser darüber gießen und gut mixen. Reis flocken, mit Kakao und Sahne zu den Feigen geben, nochmals mixen. Mit Wasser auffüllen und ein letztes Mal sehr gut durchmixen.

Pistazienkakao *

- 20 g Pistazien, mit Haut
- 10 g Kakaonibs
- 20 g Weinbeeren
- 7 g Nackthafer
- 3 cm Vanillestange
- 350 g kochendes Wasser

Im Hochleistungsmixer 2 Min. mixen.

Kakao light *

- 310 g Wasser
- 3 getr. (Soft-)Aprikosen
- 1 LS Vanillepulver
- 2-4 cm² getr. Orangenschale
- 4 g Ingwer, frisch
- 15 g Cashewnüsse
- 1 TL Kakaonibs
- 15 g Nackthafer

Light bezieht sich auf den relativ geringen Kakaogehalt. Wasser im Wasserkocher aufkochen, die anderen Zutaten in einen Hochleistungsmixer geben, das Wasser darauf schütten und 2 Min. auf der Höchststufe laufen lassen (langsam hochdrehen).

Ultimativer Schlemmerkakao

- 1 EL Cashewnusskerne
- 1 EL Nackthafer
- 1 geh. TL Kakaopulver
- 10 g frischer Ingwer
- Etwa 2-3 EL Sahne
- 1 geh. TL Honig (30 g)
- 400 g kochendes Wasser

Cashewnüsse und Hafer in einem kleinen Mixer fein mahlen. Kleingeschnittenen, ungeschälten Ingwer und restliche Zutaten hinzugeben. Becher zu 1/3 mit kochendem Wasser aufgießen, gut mixen. Mit kochendem Wasser auffüllen und nochmals mixen.

Puffreiskakao vegan *

- 25 g Basmatireis auf mittlerer Hitze in einer trockenen Pfanne rösten, einige Körner puffen auf.
- 20 g Cashewnüsse
- 10 g Kakaonibs
- 1 Stück Tonkabohne, erbsengroß (etwa 1/3 Schote)
- 3 g Ingwer, ungeschält
- 20 g Buchara-Weinbeeren
- 350 g kochendes Wasser

Alle Zutaten in einem Hochleistungsmixer 3 Min. mischen. Der Kakao ist nicht sehr süß; wem das nicht reicht, der kann mit Honig nachsüßen (dann ist er natürlich nicht mehr vegan). Der geröstete Reis verleiht eine schöne glatte Konsistenz und einen aparten Geschmack.

Carobgetränke

Erdmandel-Carob-Drink *

- 2 Carobschoten, in Stücken
- 2 EL Erdmandeln
- 1 Dattel (geht auch ohne)
- 3 cm Vanillestange
- 2 TL Nackthafer
- 310 g Wasser

I m Hochleistungsmixer 5 Min. schlagen

Orangen-Carob-Drink *

- 2-3 cm^2 Orangenschale
- 2 cm Vanillestange
- 1 EL Rundkorn-Naturreis
- 2 EL Quinoa
- 2 TL Carobpulver
- 300 g heißes Wasser

Im Hochleistungsmixer 4-5 Min. schlagen.

Carobonade *

- 1 Carobschote, in Stücke gebrochen
- 1 TL Macapulver
- 1 EL Rundkorn-Naturreis
- 250 g kaltes Wasser
- 200 g Eiswürfel

Die trockenen Zutaten mit dem Wasser im Hochleistungsmixer 1 Min. schlagen. Die Flüssigkeit ist dann lauwarm. 100 g Eiswürfel hinzugeben, anderthalb Min. mixen. Nochmals 100 g Eiswürfel hinzugeben und schlagen, bis das Getränk minimal gewärmt ist (1,5-2 Min.). Wer es süß möchte, sollte eine Dattel, einige grüne Rosinen oder Honig hinzufügen.

Carob delight

- 20 g Leinsamen
- 5 g Nackthafer
- 5 g (1 TL) Carobpulver
- 2 Datteln (14 g netto)
- 2 EL Sahne
- 400-450 g kochendes Wasser

Entweder alles zusammen in den Hochleistungsmixer geben oder nacheinander in einem kleinen Mixer zerkleinern und mixen.

Heißer Carobdrink

- 20 g Sonnenblumenkernmus
- 20 g Honig
- 2 TL Carobpulver
- Etwa 250 g kochendes Wasser

Zutaten gut miteinander verrühren, vielleicht mit einem Schneebesen. Hat einen eigenen, leckeren Geschmack.

Carobpulver-Schmankerl Roh *

- 2 Carobschoten (25 g)
- 1 Banane (105 g netto)
- 20 g Mandelmus / Mandeln
- 10 g Nackthafer
- 100 g Wasser
- 200 g Eiswürfel

Carobschoten in Stücke brechen, Banane schälen. Carobpulver, Banane, Mandelmus, Hafer und Wasser im Hochleistungsmixer 45 Sek. mischen. 100 g Eiswürfel hinzugeben, weiter mixen. Nochmals 100 g Eiswürfel unterpürieren. Vorsicht beim Trinken bzw. Löffeln, kleine Stücke der Carobkerne können noch vorhanden sein.

Luxus-Carob-Geschlürf

- 40 g Nackthafer
- 2 TL Carobpulver
- 1 LS Vanillepulver
- 1 EL Creme fraiche (30 g)
- 1 guter TL Honig (30 g)
- 350-450 g kochendes Wasser

Hafer flocken und in einen Mixbecher geben. Carobpulver, Vanille, Creme fraiche und Honig hinzugeben. Zu drei Vierteln mit kochendem Wasser füllen und gründlich mischen, mit Wasser auffüllen. Noch einmal sehr gut durchmixen.

Carob-Thermomixcremekakao *

- 2 geh. TL Cashewnussmus
- 1 EL grüne Rosinen
- 1 EL Carobpulver
- 3 cm Vanillestange
- 1 gestr. EL Buchweizen
- 325 g Wasser

Im Thermomix 5 Min. bei 100 °C auf Stufe 8 mixen.

Top-Schlemmer-Carobpulver

- 1 EL Cashewnusskerne
- 1 EL Nackthafer
- 2 geh. TL Carobpulver
- 10 g frischer Ingwer
- 2 EL Sahne
- 1 EL Honig (20 g)
- 400 g kochendes Wasser

Alles im Hochleistungsmixer mixen oder schrittweise in einem kleinen Mixer verarbeiten.

Moussierter Carobdrink

- 20 g Cashewnussmus
- 3 cm Vanillestange
- 10 g Carobpulver
- 25 g moussierte Zitronenschale
- 15 g Quinoa und
- 350 g heißes Wasser

Im Hochleistungsmixer 4 Min. schlagen.

Hafergetränke

Heilendes Hafergetränk *

- 2 EL Nackthafer
- 2-4 cm^2 getr. Orangenschale
- 4 cm Vanillestange
- 1 EL Mandeln
- 1 cm Ingwer, roh und ungeschält
- 400 g kochendes Wasser

In den Mixer geben. 2 Min. auf Höchstgeschwindigkeit mixen, in eine Tasse füllen und:

- 1 geh. TL Honig unterrühren.

Grüner Haferdrink *

- Etwa 100 g grüne Rosinen
- 35 g Nackthafer
- 300-400 g kochendes Wasser

Rosinen mit Wasser bedeckt 12 Std. einweichen. Hafer in einem kleinen Mixer fein mahlen und umfüllen. Von den eingeweichten Rosinen 125 g (inklusive Einweichwasser) gut pürieren. Hafer und 100 g kochendes Wasser hinzugeben, nochmals durchmixen. Mit kochendem Wasser auffüllen und noch einmal sehr gut durchmixen.

Hafer-Chili-Drink *

- 10 g Sonnenblumenkerne
- 10 g Nackthafer
- 30 g getr. Feigen (netto)
- 300-400 g kochendes Wasser
- 1 Prise Chilipulver

Sonnenblumenkerne im kleinen Mixer fein mahlen. Entstielte Feigen hinzugeben, mit 100 g kochendem Wasser übergießen und gut mixen. Hafer flocken, mit mixen. Mit heißem Wasser auffüllen, eine Prise Chili hinzugeben und sehr gut durchmixen.

Hafercreme-Drink

- 20 g Nackthafer
- 1 EL Sahne
- 1 TL Honig
- 300-400 g kochendes Wasser
- 1 Prise Zimt

Hafer im kleinen Mixer fein mahlen und umfüllen. 150 g Wasser, Sahne, Honig und Hafer in einen Becher geben und gut „hacken". Becher mit Wasser auffüllen und ein letztes Mal sehr gut durchmixen. In eine Tasse gießen und mit Zimt bestreuen.

Hafergetränk

- 1 EL Nackthafer
- 1 TL Naturreis
- 1 gestr. EL Honig
- 1 MS Vanillepulver
- 1/2 EL Erdnussmus
- 100 g Wasser
- 400-500 g Wasser

Hafer und Reis fein mahlen. Im Becher eines kleinen Mixers mit Honig, Vanille, Erdnussmus und 100 g kochendem Wasser gut mixen. Mit restlichem Wasser in einer großen Tasse auffüllen.

Haferhaseldrink *

- 1 EL Nackthafer
- 1 EL Haselnüsse
- 1 EL grüne Rosinen
- 100 g kochendes Wasser

In einem kleinen Mixer gründlich verquirlen, in eine Tasse geben, mit kochendem Wasser auffüllen und verrühren.

Haferschleckerli Rohkost *

- 20 g Nackthafer
- 1 Mandarine (40 g netto)
- 2 Datteln (40 g netto)
- 310 g Wasser

Mandarine schälen; alles im Hochleistungsmixer zusammen bzw. im kleinen Mixer nacheinander mixen. 1 Std. kühl stellen.

Leichter Vanilledrink

- 20 g Nackthafer
- 10 g Sonnenblumenkerne
- 1 MS Vanillepulver
- 8 g Sahne (1,5 TL)
- 400-450 g kochendes Wasser

Zutaten im Hochleistungsmixer miteinander oder im kleinen Mixer nacheinander mixen.

Maronen-Hafer-Getränk *

- 2 Maronen (netto 40 g)
- 2 EL Nackthafer
- 2 große Datteln (40 g netto)
- 250-500 g Wasser

Die Maronen schälen. Das geht auch ungekocht, ist nur etwas Arbeit. Datteln entsteinen. Alle Zutaten in den Hochleistungsmixer geben. Erst einmal mit 250 g Wasser beginnen und solange auf höchster Stufe laufen lassen, bis es wirklich heiß ist.. Der Drink ist dann sehr dickflüssig. Wer das nicht möchte, nimmt entsprechend mehr Wasser.

Faulpelze lassen die Schale an den Maronen: ein guter Hochleistungsmixer bewältigt auch das :-)

Mountyflip

- 1 EL Nackthafer
- 1 EL Kokosraspeln
- 1 TL Kakaopulver
- 1 gestr. TL Macapulver
- 2 TL Honig
- 500 g kochendes Wasser

Nackthafer mit Kokosraspeln in einem kleinen Mixer fein mahlen. Kakao, Macapulver, Honig und 100 g Wasser hinzugeben, mit dem Löffel verrühren und dann gründlich durchmixen. In einem großen Becher mit kochendem Wasser auffüllen und durchrühren.

Rachenkitzler

- 30 g Nackthafer
- 1 MS Vanillepulver
- Etwas gem. Chili (oder Cayennepfeffer)
- 2 TL (10 g) Honig
- 300-400 g kochendes Wasser

Zutaten im Hochleistungsmixer miteinander oder im kleinen Mixer nacheinander mixen.

Scharfer Harfer-Drink *

- 1 EL Nackthafer
- 1 EL Sonnenblumenkerne
- Ingwer, frisch (6 g)
- 2 Kardamomkapseln
- 500 g Wasser

Im Hochleistungsmixer 2 Min. miteinander auf der höchsten Stufe schlagen.

Veganer Haferdrink *

- 1 EL Nackthafer
- 1 geh. TL Cashewnussmus
- 1 EL grüne Rosinen
- 300-400 g kochendes Wasser

Hafer in einem kleinen Mixer fein mahlen. Nussmus, Rosinen und 100 g kochendes Wasser hinzufügen, mit dem Löffel gründlich durchrühren, die Rosinen sind dann nicht mehr ganz so hart. Mit dem hochstehenden Messer im kleinen Mixer cremig schlagen und in eine große Tasse / Becher umgießen. Mit restlichem kochendem Wasser auffüllen und gut durchrühren.

Ergänzung:

Jedes andere Nussmus oder Trockenobst geht auch. Dabei ändert sich jeweils der Geschmack: ein bisschen oder auch ein bisschen mehr.

Getreidegetränke (ohne Hafer)

Amaranthiges Erdnussgesöff

- 20 g Amaranth
- 20 g Erdnüsse
- 1 EL Sahne
- 450-500 g kochendes Wasser

Zutaten im Hochleistungsmixer miteinander oder im kleinen Mixer nacheinander mixen.

Bananen-Weizenshake roh *

- 80 g gekeimter Rotkornweizen (ca. 50 g Rohware, 60 Std. gekeimt)
- 1 TL Zitronensaft
- 1 Banane (120 g netto)
- 260 g kaltes Wasser
- 180 g Eiswürfel

Rotkornweizensprossen, Zitronensaft, Banane und kaltes Wasser in den Hochleistungsmixer geben, langsam auf die Höchststufe drehen und 1 Min. und 15 Sek. laufen lassen. 90 g Eiswürfel hinzugeben, nochmals 1 Min. auf der höchsten Stufe laufen lassen, mit den restlichen 90 g Eiswürfeln genauso vorgehen.

Barleywater simple

- 1 EL Gerste
- 1 Liter Wasser (1000 g)
- 30 g Honig
- 1 Prise ger. Orangenschale

Gerste fein mahlen. In den Thermomix geben und auf Stufe 3 rühren, dabei die restlichen Zutaten hinzugeben. Zum Kochen bringen (10 Min., Stufe 2, 100 °C), am Ende aufpassen, dass es nicht überschäumt, dann sofort Temperatur herunterschalten. Warm trinken oder im Kühlschrank sehr kalt werden lassen.

Buchweizencashewaufguss *

- 1 EL Buchweizen
- Etwas Wasser
- 10 g Cashewnüsse
- 300-400 g kochendes Wasser

Buchweizen mit Wasser bedeckt über Nacht einweichen (nicht in den Kühlschrank stellen). Morgens Buchweizen, Cashewnüsse und etwas heißes Wasser fein mahlen. Wasser in zwei Portionen nachfüllen und jeweils gründlich mixen.

Fixer Reisdrink

- 15 g Basmati-Naturreis
- 40 g Honigmarzipan
- 300-400 g kochendes Wasser

Zutaten im Hochleistungsmixer miteinander oder im kleinen Mixer nacheinander mixen.

Hirsedrink mit Kokosflair

- 3 EL Hirse
- 20 g Kokoscreme
- 30 g Honig
- 2 TL Carobpulver
- 350-450 g kochendes Wasser

Zutaten im Hochleistungsmixer miteinander oder im kleinen Mixer nacheinander mixen.

Holiday-End-Whopper

- 20 g Leinsamen
- 10 g Buchweizen
- 10 g Sonnenblumenkerne
- 25 g Sahne
- 1 Prise Zimt
- 300-400 g kochendes Wasser

Zutaten im Hochleistungsmixer miteinander oder im kleinen Mixer nacheinander mixen.

Peppiger Quinoadrink *

- 20 g Quinoa
- 25 g Cashewnüsse
- 2 entsteinte Datteln (42 g)
- 350 g kochendes Wasser
- 1 Prise getr. Pfefferminze

Zutaten im Hochleistungsmixer miteinander oder im kleinen Mixer nacheinander mixen.

Reisdrink unsüß *

- 25 g Sonnenblumenkernmus
- 20 g Basmati-Naturreis
- 300-400 g kochendes Wasser

Zutaten im Hochleistungsmixer miteinander oder im kleinen Mixer nacheinander mixen.

Reismilch Exquisa *

- 15 g Cashewnüswse
- 20 g Basmati-Naturreis
- 30 g Feigen getr. (ohne Stiel)
- 300-400 g kochendes Wasser

Siehe „Holiday-End-Whopper".

Schlummertrunk *

- 1,5 EL Dinkel
- 2 cm Vanillestange
- 3 getr. Aprikosen
- 1 EL Macadamianüsse
- 350 g Wasser

Siehe „Holiday-End-Whopper".

Reiszimt-Shake

- 2 EL Rundkorn-Naturreis
- 1 EL Cashewnussmus (40 g)
- 2 gestr. EL Honig
- 1/2 TL Zimt
- 1 Liter Wasser

Reis fein mahlen. In den Thermomix geben und auf Stufe 3 rühren, dabei restliche Zutaten hinzugeben. Solange auf 4 rühren, bis 100 °C erreicht sind. 20 Sek. auf Stufe 6 und 4 Sek. auf Stufe 10 mixen. Warm trinken oder im Kühlschrank sehr kalt werden lassen. Geht auch im Hochleistungsmixer.

Schmandender Buchweizen

- 20 g Buchweizen
- 10 g Leinsamen
- 1 gestr. EL Carobpulver
- 1 LS Vanillepulver
- 1 gest. EL Schmand (20 g)
- 1 guter TL Honig (30 g)
- 350-450 g kochendes Wasser

Zutaten miteinander im Hochleistungsmixer oder nacheinander im kleinen Mixer mixen.

Schokolierter Hirsedrink

- 15 g Mandeln
- 15 g Hirse
- 5 Stück Kakaobohnen
- 25-30 g Sahne
- 300-400 g kochendes Wasser

Zutaten miteinander im Hochleistungsmixer oder nacheinander im kleinen Mixer mixen.

Triticale-Drink roh *

- 1 EL Triticale
- 1 EL Sonnenblumenkerne
- 2 cm Vanillestange
- 2 Kardamomschoten
- 300 g Wasser
- 60-70 g Eiswürfel

Die festen Zutaten mit 300 g Wasser 2 Min. im Hochleistungsmixer mischen, Eiswürfel hinzugeben & nochmals 1 Min. mixen. Evtl. süßen.

Wilder Walnussdrink

- 20 g Walnüsse
- 20 g Wildroggen
- 20 g Sahne
- 450-500 g kochendes Wasser

Zutaten miteinander im Hochleistungsmixer oder nacheinander im kleinen Mixer mixen.

Drinks aus Nüssen und Samen

Cashewmilch roh *

- Ca. 1 EL Cashewnussmus
- 2 EL Honig oder 2 Datteln
- 1000 g Wasser

Thermomix: Nussmus mit Honig 100 g Wasser sehr gut verquirlen (30 Sek., Stufe 8-10), dann das restliche Wasser portionsweise hinzugeben und jeweils 10 Sek. Stufe 6, zum Schluss kurz auf Stufe 10 rühren lassen.
Hochleistungsmixer: Alles zusammen gut durchmixen

Erdmandeldrink roh *

- 50 g Erdmandeln
- 10 g Carobpulver
- 2 cm Vanillestange
- 5 g Nacktgerste
- 260 g Wasser

Alles im Hochleistungsmixer etwa 1 Min. bis 1 Min. 15 Sek. mahlen. Wer es feiner möchte, gibt noch 90 g Eiswürfel hinzu und kann dann noch länger bis zur Rohkostgrenze schlagen.

Haselnusscreme-Drink roh *

- 50 g Haselnüsse (Rohkost)
- 120 g Wasser verquirlen

Erdnussmilch *

- Ca. 1 EL Erdnussmus
- 30 g Rosinen
- 42 g Datteln (netto)
- 1000 g Wasser

Herstellung im Thermomix oder Hochleistungsmixer (siehe links).

Gewürztraminer

- 20 g Sonnenblumenkerne
- 10 g Nackthafer
- 10 g Buchweizen
- 1 Prise Sternanis
- 1 MS Zimt
- 1 kleine Prise gem. Fenchel
- 1 Prise Kardamom
- 15 g Sahne
- 300-400 g kochendes Wasser

Zutaten im Hochleistungsmixer miteinander mixen oder im kleinen Mixer nacheinander verarbeiten.

Grüner Trunk *

- 15 g Kürbiskernmus
- 20 g Nackthafer
- 300-400 g kochendes Wasser

Zutaten im Mixer verquirlen.

Haselnuss-Drink

- 25 g Haselnussmus
- 2 TL Carobpulver (8 g)
- 1/2 TL Kakaopulver
- 35 g Honig
- 1 MS Vanillepulver
- 100 g heißes Wasser. In eine große Tasse geben und mit
- etwa 400-500 g kochendem Wasser auffüllen.

Im Mixer gut verquirlen.

Heiße Milch mit Honig

Erkältungen toben überall, ich habe mal wieder nix :-) Aber es muss ja auch nicht das Gegenteil eintreten.... Honig ist antiseptisch, und heiße Milch mit Honig fand ich immer prima gegen Erkältungen. Milch ist ja gestrichen. Sollte man durch Sahne ersetzen, also halb Sahne halb Wasser? Ist mir zu mächtig, und außerdem immer noch zu viel Tiereiweiß. Also solllte es eine Mandelmilchvariante sein. Ist sehr lecker, dabei ist die Milch nicht „gefiltert".

- 20 g Mandeln, ungeschält
- 20 g Honig
- Etwa 210 g kochendes Wasser

Mandeln fein mahlen. Honig und kochendes Wasser hinzugeben und sehr gut durchmixen. Fertig.

Kokoscreme

- 20 g Kokosraspeln
- 10 g Nackthafer
- 1 winzige Prise Sternanis
- 2 EL Sahne
- 450-500 g kochendes Wasser

Zusammen im Hochleistungsmixer oder nacheinander im kleinen Mixer schlagen.

Kürbiskerndrink *

- 1-2 EL Kürbiskernmus
- 50 g entsteinte Datteln
- 50 g getr. Aprikosen
- 500 g Wasser

Schrittweise im Thermomix oder in anderen Mixer schlagen.

Leinsamendrink *

- 50 g Leinsamen
- 100 g getr. Feigen (ohne Stielchen)
- 1 Liter Wasser (1000 g)

Nacheinander im Thermomix oder Mixer verarbeiten.

Pekkans wir an

- Ca. 1 EL Pekannuss-Paste
- Einige Eiswürfel
- 1 EL Carobpulver
- 1 TL Macapulver
- 1 EL grüne Rosinen
- 500 g Wasser

Zubereitung s. Leinsamendrink.

Reisnussdrink *

- 15 g Cashewnüsse
- 15 g Haselnüsse
- 10 g Basmati-Naturreis
- 300-400 g kochendes Wasser

Schrittweise in einem Mixer oder auf einmal im Hochleistungsmixer verarbeiten.

Sesam-Maulbeeren-Drink *

- 50 g ungeschälter Sesam
- 50 g Maulbeeren
- 30 g Datteln
- 1000 g Wasser

Schrittweise in einem Mixer oder auf einmal im Hochleistungsmixer verarbeiten.

Sesammilch *

- 125 g ungeschälter Sesam
- 50 g entsteinte Datteln
- 50 g getr. Aprikosen
- 1 Liter Wasser (1000 g)

Sesam im Hochleitungsmixer fein mahlen Trockenfrüchte hinzugeben und zerkleinern. Wasser portionsweise hinzugeben, verquirlen. Zum Schluss einige Sekunden auf Höchststufe durchlaufen lassen. Im Kühlschrank hält sich die Milch etwa 2 Tage. Danke an Sylvia Schüttler für dieses Rezept!

Süße Mandelmilch *

- 75 g Mandeln
- 75 g grüne Rosinen
- 1 Liter Wasser (1000 g)

Schrittweise in einem Mixer oder auf einmal im Hochleistungsmixer verarbeiten.

Sesam-Rosinen-Milch *

- 50 g ungeschälter Sesam
- 100 g Rosinen
- 1 LS Vanillepulver
- 1000 g Wasser

Herstellung wie Sesammilch.

Walnussmilch

- 20 g Walnüsse
- 15 g Nackthafer
- 1 Prise Vanillepulver
- 1 EL Sahne (10 g)
- 450-500 g kochendes Wasser

Schrittweise in einem Mixer oder auf einmal im Hochleistungsmixer verarbeiten.

Fruchtgetränke

Erdbeer-Komplettshake *

Im Hochleistungsmixer:
- 120 g Banane netto
- 150 g Erdbeeren mit Grün
- 1 TL Cashewnussmus (20 g) verschlagen,
- 90 g Eiswürfel auf höchster Stufe unterrühren.

Ergibt einen dickflüssig-cremigen Shake.

Ananasshake

- 25 g Mandeln
- 1 EL Zitronensaft
- 250 g Ananas netto
- 100 g Banane netto
- 20 g Honig
- 150 g Wasser

Alle Zutaten in einen Mixer geben, gut durchmixen. Sind die Mandeln zu grobkörnig, erst fein mahlen, dann die restlichen Zutaten hinzugeben.

Bananashaker *

- 20 g grüne Rosinen
- 1 Banane (100 g netto)
- 1 kleine Prise Muskatnuss
- 100 g Wasser

Im Mixer sehr gut schlagen.

Bananenananas-Shake *

- 10 g Nackthafer
- 170 g Ananas netto
- 1 Banane (130 g netto)
- 1/2 kleine Zitrone, geschält
- Etwa 110 g Wasser

Im Mixer sehr gut schlagen.

Bananen-Sahneshake

- 20 g Sahne
- 1 Banane (netto 140 g)
- 2 g Ingwerscheibchen
- 5 Stück Mandeln
- 125 g Wasser

In einem Mixer gut mixen.

Blaubeershake

- 200 g frische Blaubeeren
- 250 g Wasser
- 30 g Sonnenblumenkerne
- 1 TL Zitronenschaum
- 50 g Honig
- 50 g Sahne

Blaubeeren 4 bis 6 Std. einfrieren, Wasser im Kühlschrank kühlen. 30 g Sonnenblumenkerne fein mahlen. Beeren und Zitronenschaum hinzugeben und gut durchschlagen. Restliche Zutaten portionsweise einarbeiten.

Clementinen-Shake

- 20 g Sesam, ungeschält
- 60 g Möhre (in Scheiben)
- 3 Clementinen (190 g netto)
- 30 g Honig

Sesam in einem Mixer gut mahlen. Die restlichen Zutaten hinzugeben und gut mixen. Etwa 30-60 Min. in den Kühlschrank stellen. Löffeln oder langsam trinken.

Wer Nüsse statt Sesam nimmt, wird weniger Honig brauchen!

Getrockneter Erdbeerdrink *

- 40 g getr. Erdbeeren
- 160 g Wasser
- 50 g Sesam
- 40 g Datteln
- 840 g Wasser

Erdbeeren über Nacht in 160 g Wasser quellen lassen.
Zubereitung im Thermomix: Sesam fein mahlen (10 Sek., Stufe 10). Datteln und Erdbeeren mit dem Einweichwasser hinzugeben und zerkleinern: 1 Min. Stufe 4, dann das restliche Wasser portionsweise hinzugeben und jeweils 10 Sek. Stufe 6, zum Schluss kurz auf Stufe 10 rühren lassen.
Im Hochleistungsmixer auf einmal, in anderem Mixer schrittweise zubereiten.

Heißer Apfel *

- 20 g Nackthafer
- 1 kleiner Apfel (90 g)
- Etwa 350 g kochendes Wasser

Im Hochleistungsmixer zusammen gut mixen. Sonst: Hafer fein mahlen, in eine kleine Schale umfüllen. Apfel in den Rührbecher geben, mit etwa der Hälfte des Wassers übergießen und gut durchmixen. Hafer hinzugeben, Becher bis oben mit kochendem Wasser fast füllen und nochmals sehr gut durchmixen.

Heißes Pflümli

- 40 g getr. Pflaumen
- 100 g kochendes Wasser
- 30 g Nackthafer
- 25 g Schmand
- 250-350 g kochendes Wasser

Pflaumen mit kochendem Wasser übergießen und 20 Min. quellen lassen.
Hafer fein mahlen. Pflaumen mit Einweichwasser im Mixer sehr gut schlagen, bis eine dickflüssige Soße entsteht. Gemahlenen Hafer und Schmand hinzugeben, durchmixen. Mit kochendem Wasser auffüllen und noch einmal sehr gut durchmixen.

Heiße Zitrone

- 1/2-1 Zitrone (50-100 g netto)
- 1 geh. TL Honig (30 g)
- 300-500 g kochendes Wasser

Zitrone in Scheiben schneiden, Kerne entfernen. Im Mixer zu einer Flüssigkeit schlagen und in einen Trinkbecher oder eine große Tasse umfüllen. Honig dazu geben und verrühren. Heißes Wasser in den Mixbecher gießen, und dann in die Tasse umschütten – so kommen wir auch noch an die letzten Reste der Zitrone! Die Tasse mit kochend heißem Wasser auffüllen. Gut durchrühren und so heiß wie möglich trinken, d.h. am Anfang eventuell besser löffeln.

Nektarinenshake roh

- 1 Nektarine (140 g netto)
- 1 Scheibe Zitrone (10 g)
- 20 g Cashewnussmus
- 20 g Honig
- 300 g Wasser

Nektarine entsteinen, Zitrone entkernen, beides vorschneiden. Alle Zutaten in einem Hochleistungsmixer auf der höchsten Stufe gut vermischen.

Hildegards Bananenmilch *

- 30 g Mandeln
- 1 kleine Banane (100 g netto)
- Etwa 100 g Wasser
- 1 Prise Zimt
- 1-3 Prisen gem. Muskatnuss
- Etwa 300 g Wasser

Mandeln im Mixer fein mahlen. Banane, Gewürze und 100 g Wasser hinzufügen, 30-40 Sek. mixen. Das restliche Wasser hinzugeben und nochmals 10-15 Sek. durchmixen. Im Hochleistungsmixer auf einmal verarbeiten.

Himbeershake

- 125 g tiefgekühlte Himbeeren
- 25 g Mandeln
- 55 g Sahne
- 50 g Honig
- 270 g kaltes Wasser

Mandeln in einer Küchenmaschine oder im Food Processor mit dem Hackmesser ganz fein mahlen. Dann die gefrorenen Himbeeren hinzugeben und gut durchschlagen. Sahne und Honig hinzufügen, nochmals schlagen, bis sich eine feste Masse bildet. Wasser in Portionen hinzugeben und immer wieder schlagen lassen.

Himbeershake MixFix *

- 1 kleinere Banane (90 g)
- 125 g Himbeeren
- 20 g Mandeln
- 2 cm Vanillestange
- 125 g Wasser
- 100 g Eiswürfel

Alle Zutaten außer den Eiswürfeln im Hochleistungsmixer oder einem anderen Mixer auf Höchststufe (langsam hochdrehen) pürieren, dann die Eiswürfel untermixen. Ein sämiger Shake!

Limonade *

- 3-4 EL Zitronen-Oranensaft-Mischung (im Verhältnis 3:1 oder 4:1)
- 340 g Mineralwasser

Obstsaft in einen großen Becher geben und mit Mineralwasser auffüllen. Zack, fertig. Sehr erfrischend, wenn auch nicht sehr süß.

Melonenschaum *

- 1-2 EL Cashewnussmus
- 850 g Wassermelone (netto)
- 150 g Wasser

Im Mixer schaumig mischen.

Vier-Jahreszeiten-Shake

Die Zutaten bekommt man quasi immer:

- 1 große Banane (170 g netto)
- 1 Orange (150 g netto)
- 10 g moussierte Zitrone
- 40 g Maronen, gekocht
- 180-190 g Eiswürfel

Im Hochleistungsmixer langsam die Geschwindigkeit hochdrehen oder pulsen, dann auf höchster Geschwindigkeit mixen, bis alles gut gelöst ist und keine Eisstückchen mehr vorhanden sind.

Sommerblut

- 130 g Erdbeeren netto
- 150 g Wassermelone netto
- 3 g Ingwer, frisch und ungeschält
- 5 g Honig (je nach Obstreife)
- 1 Prise gem. Anis
- 85 g Eiswürfel

Alles zusammen gut durchmixen. Der Hauch von Ingwer ist sehr apart! Wer keinen Hochleistungsmixer hat, nimmt statt der Eiswürfel 85 g sehr kaltes Wasser oder stellt das Getränk in den Kühlschrank.

Orangendrink

- 10 g Nackthafer
- 15 g Haselnüsse
- 1 Apfelsine (160 g netto)
- 1-2 TL Honig
- 260 g Wasser

Hafer und Haselnüsse in einem kleinen Mixer fein mahlen. Geschälte Apfelsine und Honig hinzufügen, gut zerschlagen. Dann mit Wasser auffüllen und nochmals kräftig durchschlagen. Im Hochleistungsmixer geht alles auf einen Schwung.
Die Qualität des Drinks hängt stark von der Qualität der Apfelsine ab!

Orangendrink mit Gehalt

- 75 g grüne Rosinen
- 45 g eingeweichte Sonnenblumenkerne
- 1 TL Zitronensaft
- 1 kleine Apfelsine (80 g netto)
- 300-400 g Wasser

Rosinen mit 50 g Einweichwasser, Zitronensaft und Sonnenblumenkernen in einem kleinen Mixer cremig schlagen. Geschälte Apfelsine in Stücken hinzugeben, mitmixen (das Produkt, das jetzt entsteht, ist eine leckere Kaltschale!). Mit Wasser auffüllen und gut verschlagen.

Scharf gesteckter Bananendrink

Dies war ein Test für den Total Blender (Blendtec). Den hat der Blender gut bestanden, da gibt's nix zu meckern.

- 85 g Steckrübe, vorgeschnitten
- 30 g Porree, grob geschnitten
- 4 g Zitronenscheibe
- 1 Banane (100 g netto)
- 300 g Wasser
- 10 g Mandeln

Alle Zutaten in den Blender geben, schließen, Programm "Smoothey" zweimal laufen lassen. In jedem anderen Hochleistungsmixer funktioniert es natürlich auch.

Winterhimbeerdrink

- 1 EL rohe Erdnusskerne
- 1-2 EL getr. Himbeeren
- 1-2 TL Honig
- 300-350 g Wasser

Erdnusskerne in einem kleinen Mixer gut mahlen, dann Himbeeren und Honig hinzugeben, gut durchmixen Und schließlich das Wasser in drei Portionen untermixen. Geht in einem Hochleistungsmixer alles zusammen.

Scharfer Ananas-Shake

- 205 g Ananas, grob geschält (für schwächere Mixer: gut geschält)
- 1 Zitronenschale, moussiert
- 1 Prise Chilipulver (nach Geschmack mehr, aber besser mit wenig anfangen!)
- 10 g Mandeln
- 20 g grüne Rosinen
- 140 g Wasser oder Eiswürfel

Erst die Zutaten ohne das Eis mixen, dann Eiswasser/Eis hinzugeben und so lange laufen lassen, bis es Shake-Konsistenz hat.

Dunkle Banane

- 1 Banane (145 g netto)
- 35 g Maronen
- 1 TL Kakaonibs (5 g)
- 3 cm Vanillestange
- 90 g Eiswürfel
- 60 g Wasser

Erst ohne das Wasser gut durchmixen, bis alles "aufgelöst" ist, dann das Wasser untermischen.

Melonenquickie

- 250 g Melone
- 20 g Mandelmus
- 3 g Ingwer
- 90 g Eiswürfel

Schlagen, bis kein Eis mehr sichtbar ist.

Guaven-Gaumenkitzler

Wer ganz besonders empfindlich auf Kerne reagiert, muss das Mittelstück entfernen, so ganz bekommt selbst ein Hochleistungsmixer die Kerne nicht sämig klein, also weg.

- 1 Guave (375 g)
- 3 kleine Bananen (125 g)
- 1 Scheibe Zitrone, geschält (10 g)
- 3 cm Vanillestange
- 125 g Wasser
- 90 g Eiswürfel

Erst ohne Wasser und Eiswürfel pürieren, um die Kerne möglichst fein zu mahlen.

Erdbeer-Sahneshake

- 250 g Erdbeeren netto
- 30 g süße Sahne
- 90 g Eiswürfel
- 1-2 Prisen Kardamom

Im Hochleistungsmixer mischen oder mit Eiswasser zubereiten. Kardamom lässt sich durch andere Gewürzzugaben ersetzen: Zimt, Ingwerpulver, ja sogar ein wenig Chili.

Kleingebäck

Plätzchen haben einen angenehmen Suchtfaktor. Außerdem sind sie schneller gemacht als ein Kuchen, ein prima Geschenk, gut für den kleinen Appetit zwischendurch. Hier stellen wir auch einige Versionen vor, die komplett tiereiweißfrei sind. Sie sind in diesem Kapitel mit einem Sternchen hinter dem Titel markiert. Alle anderen entsprechen den Brukerschen Vorgaben zur tiereiweißfreien Vollwerternährung (siehe Erklärung am Ende).

Riegel sind bei vielen Vollwertlern Standard-Wanderausrüstung, häufig sind sie auch ein Anlass, sich über die Vollwert lustig zu machen. Unsere Riegel treten gegen Vollwert-Vorurteile an :-)

Plätzchen

In einem Urlaub in England probierte ich „Ginger & Oat Biscuits". Köstlich! Also nahm ich die Zutatenliste mit und habe das Keksrezept vollwertig nachgestellt, in verschiedenen Variationen.

Ginger & Oatflake Cookies

- 350 g Weizen mahlen, mit
- 1 Prise Salz und
- 1 TL Weinstein-Backpulver verrühren.
- 150 g Nackthafer flocken. In einer ausreichend großen Pfanne
- 100 g Butter mit
- 120 g Sonnenblumenöl und
- 200 g Honig auf kleiner Einstellung zerlassen, Flocken einrühren.
- 17 g Ingwer frisch raspeln, alle Zutaten mit einem Löffel verrühren. So viel
- Wasser (ca. 50-80 g) hinzugeben, dass der Teig formbar wird.

Mit der Hand Kugeln formen (etwas größer als Walnüsse), nebeneinander auf ein mit Dauerbackfolie ausgelegtes Backblech setzen. Mit einem Löffel flach drücken. Entweder in den kalten Ofen schieben und 20 Min. bei 175 °C (Heißluft) oder 14 Min. im vorgeheizten Ofen backen und auf einem Kuchengitter auskühlen lassen.

Bohnenkekse

- 110 g Weizen
- 50 g Nackthafer
- 1 Prise Salz
- 1 EL Ingwerpulver
- 1 TL gem. Zimt
- 1 TL Weinstein-Backpulver
- 1,5 EL Weinbrand
- 85 g Honig
- 75 g Sonnenblumenöl

- 95 g gekochte Sojabohnen (aus deutschem Bio-Anbau; ungekocht ca. 35 g)
- 25 g getr. Süßkirschen

Vorarbeit: Bohnen ggf. über Nacht einweichen, mit ausreichend Wasser im Schnellkochtopf 11-12 Min. garen. Mit einem Löffel zu erst die trockenen Zutaten verrühren. Weinbrand, Honig, Öl und Bohnen im kleinen Mixer zu einer glatten Masse verquirlen. Mit dem Löffel unter die Mehlmischung rühren, dann mit der Hand kurz durchkneten. Mit einem Teelöffel Teigstücke abstechen, zwischen den Händen zu Kugeln formen und nebeneinander auf ein mit Dauerbackfolie ausgelegtes Backblech setzen. In jede Kugel eine Süßkirsche drücken, die Teigecken darüber zusammenziehen und mit der Hand flachdrücken. Mit einer Gabel mehrmals einstechen. Backofen auf 160 °C (Heißluft) vorheizen und 15-20 Min. backen. Auf ein Kuchengitter geben und erkalten lassen.

Ginger & Oatflake Cookies – Almost Original

- 100 g Nackthafer bei mittlerer Hitze rösten, bis er gepoppt, aber noch nicht dunkel ist. Abkühlen lassen und mit
- 350 g Weizen fein mahlen. Mit
- 1 Prise Salz,
- 1 Päckchen Weinstein-Backpulver und
- 1 EL getr. Ingwerpulver (ca. 4 g) verrühren.
- 50 g Nackthafer (zusätzlich zu den 100 g oben) flocken.
- 55 g Sonnenblumenöl mit
- 20 g frischem Ingwer, ungeschält, in einem kleinen Mixer glatt schlagen. In einer ausreichend großen Pfanne
- 100 g Butter mit
- 65 g Sonnenblumenöl und
- 235 g Honig auf kleiner Einstellung (60 °C) zerlassen, zum Kochen bringen und die Flocken einrühren, kurz durchkochen. Alle Zutaten mit einem Löffel verrühren, bis der Teig formbar wird.

Weiter wie auf Seite 110 beschrieben. 23 Min. bei 160 °C (nicht vorheizen) backen. Auf einem Kuchengitter auskühlen lassen.

Schnelle Mandelkekse *

In einer kleinen Schüssel mit einem Holzlöffel verrühren:
- 95 g Sonnenblumenöl
- 90 g flüssiger Honig
- 1 Prise Salz
- 50 g Mandeln im Magic fein mahlen, unterrühren, dann
- 160-165 g Dinkel, fein gemahlen, einarbeiten.

Nur rühren, bis eine homogene Masse entstanden ist, damit die Kleberwirkung nicht eintritt. Ofen auf 160 °C (Heißluft) stellen. Kugeln zwischen den Händen formen (gab 25 Stück), nebeneinander auf ein mit Dauerbackfolie ausgelegtes Backblech setzen, mit einer Gabel flach drücken. 15 Min. bei 160 °C backen.

Dinkelkekse unter Nusshaube

Teig:
- 200 g Dinkel
- 40 g Nackthafer
- 85 g Kokosöl
- 40 g Sonnenblumenöl
- 55 g Honig
- 1 Prise Salz
- 1 TL Weinstein-Backpulver

Nussmasse:
- 60 g Mandeln
- 15 g Wasser
- 5 g Cashewnüsse
- 35 g Honig
- 1 TL Zimt

Dinkel fein mahlen, Hafer flocken. Mit Öl, Honig, Salz und Backpulver verkneten. Mindestens 1 Std. im Kühlschrank ruhen lassen. Mandeln mahlen (nicht zu fein) und in einer trockenen Pfanne rösten, bis sie Farbe bekommen. Cashewnüsse mit Wasser zu einer Milch mixen, mit Honig und Zimt in die Pfanne geben. Gut durchrühren und abkühlen lassen. Aus dem Teig 14 runde, 1 cm hohe Taler formen, nebeneinander auf ein mit Backpapier ausgelegtes Backblech setzen und jeweils einen Klecks Nussmasse auf die Taler geben. Nussmasse mit der flachen Hand andrücken. Ofen auf 175 °C (Umluft) vorheizen. Blech einschieben. Kekse 20 Min. bei 175 °C backen.

Schokosandkekse mit Mandeln *

- 100 g Mandeln
- 100 g Emmer
- 100 g Nackthafer
- 3 TL Kakao (10 g)
- 1 kleine Prise Salz

- 1/2 gestr. TL Vanillepulver
- 2 TL flüssiges Orangenaroma oder ger. Orangenschale
- 125 g Honig
- 95 g Sonnenblumenöl

Herstellung mit dem Handrührgerät, Knethaken: Mandeln in einem kleinen Mixer in zwei Portionen fein mahlen. Emmer und Hafer in der Getreidemühle fein mahlen. Alle trockenen Zutaten miteinander mischen, dann Aroma, Honig und Öl hinzugeben. Den Teig mit den Knethaken gründlich verkneten. Mit einem Teelöffel Teigportionen abnehmen, zwischen den Händen Kugeln rollen und die Kugeln nebeneinander auf ein mit Dauerbackfolie ausgelegtes Backblech setzen. Mit einer Gabel flachdrücken. Blech mit den Plätzchen in den vorgeheizten Ofen schieben und 15 Min. bei 175 °C (Umluft) backen. Auf einem Kuchengitter auskühlen lassen.

Feigenplätzchen *

- 110 g getr. Feigen
- 35 g getr. Datteln
- 80 g kochendes Wasser
- 35 g Sonnenblumenöl
- 180 g Dinkel, fein gemahlen
- 1 TL Weinstein-Backpulver
- 1 TL Zimt
- 50 g Haselnüsse gemahlen (z.B. in einem kleinen Mixer)

Feigen und Datteln grob schneiden und abgedeckt im kochenden Wasser einweichen. Wenn es abgekühlt ist, im Mixer pürieren. Alle Zutaten verkneten. Teig entweder mit einer Gebäckpresse auf ein mit Backpapier ausgelegtes Backblech spritzen oder zu Bällchen formen und mit der Gabel zu Bärentatzen flachdrücken. Im vorgeheizten Backofen zwei Bleche 10 Min. bei 200 °C (Umluft) backen. Das Gebäck ist nicht besonders süß.

Vanille-Cashew-Quadranten

Wichtig: Alle Zutaten müssen mindestens Raumtemperatur haben, vor allem das Cashewnussmus darf nicht kalt und hart sein.

- 80 g Butter
- 50 g Cashewnussmus
- 80 g flüssiger Honig
- 1 Prise Salz
- 10 g Sahne
- 1 LS Vanillepulver
- 160 g Dinkel
- 40 g granniger Kreuzritterweizen (oder insgesamt 200 g Dinkel)

Butter mit einem Holzlöffel cremig rühren. Getreide fein mahlen. Die Zutaten nacheinander in die geschlagene Butter einrühren, am besten portionsweise, damit nichts gerinnt. Die Mehlmenge kann sich nach Wetter, Getreidesorte, Jahreszeit etc. ändern.

Nur rühren, bis die Masse homogen, damit die Kleberwirkung nicht eintritt. Eine Rolle formen und diese mit der Hand zu einer kantigen Form drücken. Abgedeckt 30 Min. in den Kühlschrank setzen. Ofen auf 160 °C (Heißluft) stellen. Von der Teigstange Scheiben abschneiden, nebeneinander auf ein mit Dauerbackfolie ausgelegtes Backblech setzen. 15 Min. bei 160 °C backen.

Dinkelplätzchen *

- 250 g Dinkel
- 130 g Sonnenblumenöl
- 100 g Honig
- 70 g Mandelmus
- 1 Prise Salz
- 1 TL Weinstein-Backpulver
- 1 TL Zimt

Dinkel fein mahlen. Mit den restlichen Zutaten verkneten, gleich in eine Gebäckpresse geben und damit die Masse auf zwei Backbleche mit Backpapier verteilen. Wer keine Gebäckpresse hat, kann einen Strang aus dem Teig rollen und Scheiben abschneiden. Im vorgeheizten Backofen bei 175 °C (Umluft) 10 Min, backen. Da die Plätzchen im Backofen etwas auseinander laufen, sollten sie auf dem Blech nicht zu eng beieinander liegen. Die Plätzchen nach dem Backen sehr vorsichtig auf ein Kuchengitter zum Abkühlen geben. Vorsicht, sie sind jetzt noch sehr weich und zerbrechen leicht. Nach dem Abkühlen in eine Keksdose geben und kühl lagern oder gleich wegknuspern.

Riesenkekse

Zwei Bleche mit 20 sehr großen Keksen
* 220 g Nackthafer, geflockt
* 125 g Honig
* 80 g Kokosöl
* 40 g Butter
* 100 g gem. Mandeln (selbst herstellen: in einem kleinen Mixer)
* 1 TL Weinstein-Backpulver
* 1 TL Zimt
* 1/2 TL Kardamompulver
* Etwas ger. Muskatnuss
* Eine Prise Salz

Honig mit Kokosöl und Butter in einem Topf erwärmen, bis die Masse flüssig ist. Haferflocken mit Mandeln, Gewürzen, Backpulver und Salz vermischen. Honig-Öl-Mischung unter die trockenen Zutaten rühren; die Masse mindestens 30 Min. auskühlen und quellen lassen. Walnussgroße Kugeln formen und mit gutem Abstand auf ein mit Backpapier ausgelegtes Backblech setzen. Den Ofen auf 160 °C (Umluft) vorheizen und die Kekse 15 Min backen. Evtl. die Bleche nach der Hälfte der Zeit tauschen. Nach dem Backen sind die Kekse noch sehr weich, sie müssen erst vollständig auskühlen. In einer luftdicht schließenden Dose kühl aufbewahren.

Mandelkekse gewürzt

- 125 g fein gem. Dinkel
- 50 g fein gem. Vollkorn-Natur-reis
- 15 g Nackthafer, geflockt
- 75 g Mandeln
- 220 g Honig
- 60 g Butter
- 40 g Sonnenblumenöl
- 1/2 TL Orangensalz
- 1 TL Weinstein-Backpulver
- 1 TL Zimt
- Je etwas Muskat, Kardamom, Pfeffer je nach Geschmack

Mandeln in einer trockenen Pfanne rösten, abkühlen lassen und in einem kleinen Mixer fein mahlen. Trockene Zutaten vermischen, alle weiteren Zutaten zugeben und gut verkneten. 1 Std. im Kühlschrank ruhen lassen. Teig aus dem Kühlschrank nehmen, Ofen auf 180 °C (Umluft) vorheizen. Teig zu einer Rolle formen, in Scheiben schneiden, Teigscheiben leicht flach drücken. Auf zwei mit Dauerbackfolie ausgelegte Backbleche verteilen, dabei auf ausreichend Abstand achten, der Teig läuft noch auseinander. Ca. 12 Min backen. Die noch weichen Kekse kurz ruhen lassen, auf ein Kuchengitter legen und dort vollständig auskühlen lassen. In einer luftdicht verschließbaren Dose kühl aufbewahren.

Emmer-Zitrönkes *

- 50-55 g Zitrone netto (nur äußere Schale und Kerne entfernt)
- 90 g flüssiger Honig
- 55 g Sonnenblumenöl
- 1 Prise Salz
- 200 g Emmer
- 10 g Honig

Zitrone in Stücke schneiden, mit 90 g Honig, Öl und Salz in einem kleinen Mixer (hochstehendes Messer) zu einer glatten Masse schlagen. Emmer fein mahlen. Mit der Zitronenmasse und den 10 g Honig mit einem Löffel verrühren. Ofen (Heißluft) auf 160 °C stellen. Mit einer Gebäckpresse den weichen Teig auf ein mit Dauerbackfolie ausgelegtes Backblech spritzen. In den heißen Ofen schieben und 15 Min. backen. Abkühlen lassen, in einer Dose aufbewahren.

Maronen-Keksle

Wichtig: Alle Zutaten sollten Raumtemperatur haben, sonst gerinnt die Butter. Das wird dann allerdings bei der Mehlzugabe wieder ausgeglichen.

- 100 g Butter
- 50 g Maronen
- 20 g Sahne
- 50 g Wasser
- 90 g flüssiger Honig
- 1 Prise Salz
- 1 LS Vanillepulver
- 200 g Dinkel
- 35 g Sojabohnen

Butter mit einem Holzlöffel cremig rühren. Maronen mit Sahne und Wasser in einem kleinen Mixer zu einer glatten Creme schlagen. Dinkel fein mahlen, die Sojabohnen ebenfalls. Ich habe die Sojabohnen in der Getreidemühle gemahlen und dann mit (weißem) Reis nachgemahlen zur Reinigung. Auch in einem Hochleistungsmixer oder sogar in einem kleinen Mixer lassen die Sojabohnen sich mahlen. Die Zutaten nacheinander in die geschlagene Butter einrühren, am besten portionsweise, damit nichts gerinnt. Die Mehlmenge kann sich nach Wetter, Getreideart, Jahreszeit etc. ändern.

Ofen auf 160 °C (Heißluft) stellen. Nur rühren, bis eine homogene Masse entstanden ist bis eine homogene Masse entstanden ist, damit die Kleberwirkung nicht eintritt. Mit einer Gebäckpresse Formen nach Wahl auf ein mit Dauerbackfolie ausgelegtes Backblech setzen. 15 Min. bei 160 °C backen.

Haselnusskekse *

- 125 g Haselnüsse
- 65 g Dinkel
- 60 g Emmer
- 80 g flüssiger Honig
- 80 g Sonnenblumenöl
- 1 Prise Salz
- 20 g Wasser

Haselnüsse mahlen (in zwei Portionen in einem kleinen, starken Mixer). Getreide mischen und fein mahlen. In einer Schüssel Honig, Öl und Salz mit einem Löffel verrühren. Wenn der Honig nicht flüssig genug ist, mischt sich das erst später mit den Haselnüssen, die nun in zwei Portionen untergerührt werden. Mehl einarbeiten, wenn nötig noch 20 g Wasser einkneten. Ofen (Heißluft) auf 160 °C vorheizen. Mit einem Teelöffel Teigstücke abstechen und zwischen den Händen zu kleinen Fladen auseinanderdrücken. Teiglinge nebeneinander auf ein mit Dauerbackfolie ausgelegtes Backblech setzen. In den heißen Ofen schieben und 15-17 Min. backen. Abkühlen lassen, in einer Dose aufbewahren.

Kokosma ohne Krönchen *

- 100 g Dinkel
- 25 g Sojabohnen (aus deutscher Herstellung)
- 125 g feine Kokosraspeln
- 1 Prise Salz
- 1 LS Vanillepulver
- 1 gestr. TL Weinstein-Backpulver
- 15 g Wasser
- 85 g flüssiger Honig
- 80 g Sonnenblumenöl

Dinkel und Sojabohnen mischen, fein mahlen und mit den anderen trockenen Zutaten zusammengeben. Dann mit einem Holzlöffel mit den restlichen Zutaten verrühren. Weiter siehe Haselnusskekse.

Ingwer-Haferkekse *

- 175 g Dinkel
- 175 g Emmer
- 150 g Nackthafer
- 1 Prise Salz
- 1 Päckchen Weinstein-Backpulver
- 1 EL getr. Ingwerpulver (ca. 4 g)
- 16 g frischer Ingwer, ungeschält
- 125 g Sonnenblumenöl
- 225 g flüssiger Honig
- 25-75 g Wasser

Dinkel, Emmer und 100 g Hafer mischen und fein mahlen. Restlichen Hafer flocken. Trockene Zutaten mischen. Ingwer mit 100 g Öl in einem kleinem Mixer fein mahlen, zum Teig geben. Restliches Öl und Honig hinzufügen. Becher mit 25 g Wasser schütteln, Becherinhalt zu den Teigzutaten geben. Mit einem Handrührgerät (Knethaken) zu einem Teig verarbeiten. Soviel Wasser hinzugeben, dass der Teig nicht mehr auseinanderbröckelt. Aus dem Teig mit den Händen gut walnussgroße Kugeln formen und nebeneinander auf ein mit Dauerbackfolie ausgelegtes Backblech legen. Mit der Gabel flachdrücken. Backblech in den auf 160 °C (Heißluft) vorgeheizten Ofen schieben, 20 Min. backen. Ofen ausstellen, 5 Min. nachbacken.

Blitzkekse *

- 160 g Weizen, fein gemahlen
- 50 g Mandeln, gemahlen
- 1 TL Weinstein-Backpulver
- 1 EL Weinbrand
- 1 Prise Salz
- 90 g Honig
- 85 g Sonnenblumenöl
- 1 Prise Vanillepulver
- 2 TL ger. Orangenschale oder 1 EL Ingwerpulver

Mit einem Löffel verrühren, wie oben beschrieben formen, in den kalten Ofen schieben und 17 Min. bei 160 °C (Heißluft) backen.

Hi-Bu-Kekse *

- 100 g Buchweizen mit
- 100 g Dinkel und
- 75 g Hirse mischen und fein mahlen.
- 50 g Kokosöl
- 50 g Sonnenblumenöl
- 110 g Honig
- 1 Prise Salz

Alles gut miteinander verkneten, im Kühlschrank mindestens 1 Std. ruhen lassen. Mit den Händen kleine Kugeln formen, platt drücken und auf einem Backblech mit Backpapier für 15 Min. bei 180 °C (Umluft) im vorgeheizten Ofen backen.

Gefüllte Schokoladenkekse *

- 125 g Dinkel
- 100 g Emmer
- 25 g Sojabohnen
- 1 LS Vanillepulver
- 1 Prise Salz
- 100 g Honig
- 80 g Sonnenblumenöl
- 25 g Cashewnussmus
- 60 g Wasser
- 50 g Orangeat

Getreide und Sojabohnen fein mahlen. Trockene Zutaten vermischen. Mit einem Rührlöffel Honig und Sonnenblumenöl unterrühren. Cashewnussmus mit 40 g Wasser verquirlen, auch einarbeiten. Becher mit dem restlichen Wasser ausspülen, ebenfalls unterziehen. Orangeat mit dem Löffel einkneten. Der Teig muss gut formbar, aber nicht fließend sein. Danach richtet sich die Wassermenge. Kugeln formen, auf das mit Dauerbackfolie ausgelegte Backblech legen. Mit einem Löffel flachdrücken. Ofen (Heißluft) auf 160 °C vorheizen, 15 Min. backen und 5 Min. im ausgeschalteten Ofen nachbacken.

Shortbread *

- 75 g Mais
- 150 g Dinkel
- 150 g Emmer
- 1/2 gestr. TL Salz
- 1/2 gestr. TL Vanillepulver
- 25 g Mandeln
- 95 g Sonnenblumenöl
- 165 g Honig
- 15 g Wasser

Mais fein schroten, so dass er leicht griesig ist (bei mir auf der Einstellung 2,5 von 9). Dinkel mit Emmer fein mahlen. Mandeln in einem kleinen Mixer ebenfalls fein mahlen. Die trockenen Zutaten vermischen. Öl und Honig zugeben. Erst mit einem Löffel, dann mit der Hand verkneten. Je nach Beschaffenheit des Teigs noch Wasser hinzugeben, er soll sehr weich sein, aber nicht bröckeln. Eine Kugel formen, Teigschüssel mit dem Teig in Plastik wickeln und etwa 30 Min. ruhen lassen.

Auf einer Dauerbackfolie etwa 0,8 bis 1 cm hoch ausrollen, reicht für etwa 1/4 der Fläche eines Backblechs. Auf ein Backblech ziehen, mit dem Stipproller Löcher einbohren (oder eine Gabel dafür nehmen) und mit einer Tortenpalette vorsichtig in fingergroße Stücke schneiden.

In den kalten Ofen schieben und bei 175 °C (Heißluft) 15 Min. backen lassen. 5 Min. bei 160 °C und 3-4 Min. im ausgestellten Ofen nachbacken lassen. Auf dem Blech sehr vorsichtig nochmals nachschneiden und ebenso vorsichtig auf ein Kuchengitter geben: Der Teig ist noch sehr brüchig! Auskühlen lassen und in einer gut schließenden Metalldose oder einem Glaskeksbehälter mit gut schließendem Deckel aufbewahren.

Schokoplätzkes *

- 60 g Walnüsse,
- 40 g Pecannüsse und
- 40 g Kakaonibs im Mixer fein mahlen, mit
- 1 TL Kakao
- 175 g fein gemahlenem Dinkel
- 70 g Sonnenblumenöl
- 1 Prise Salz
- 90 g Honig
- 25 g Wasser

in der Küchenmaschine kneten lassen. Abgedeckt im Kühlschrank 15 Min. ruhen lassen. Ausrollen (ca. 4 mm) dick, Sterne ausstechen. Backblech mit Dauerbackfolie ausgelegt, vorheizen auf 200 °C (Heißluft), 10 Min. backen. Einen Klecks drauf geben von

- 25 g Kokosraspeln
- 12 g Honig
- 15 g Wasser
- 15 g Kokosöl

Kokos-Schoko-Kekse vegan *

- 100 g Weizen mit
- 30 g Sojabohnen fein mahlen, mit
- 1 Prise Salz
- 15 g Kakaopulver
- 120 g Kokosraspeln und
- 1 gestr. TL Weinstein-Backpulver vermischen. In einem Mixer
- 80 g Sonnenblumenöl
- 100 g grüne Rosinen (oder Datteln) mit
- 110 g Wasser zu einer Creme schlagen, unter die trockenen Zutaten kneten.

Ofen (Heißluft) auf 160 °C vorheizen. Zwischen den feuchten Händen Kugeln rollen, nebeneinander auf ein mit Dauerbackfolie ausgelegtes Backblech setzen, mit einer Gabel 2 x herunterdrücken. In den heißen Ofen schieben und 15-17 Min. backen. Abkühlen lassen, in einer Dose aufbewahren.

Reiskekse mit Fruchtmütze

- 25 g Sojabohnen, fein mahlen
- 80 g Dinkel mit
- 100 g Vollkorn-Naturreis, fein mahlen
- 80 g weiche Butter
- 50 g Honig
- 1 TL Weinstein-Backpulver
- 1 Prise Salz

Alles gut miteinander verkneten und für mindestens 1 Std. im Kühlschrank ruhen lassen.

- 25 g Datteln (entsteint)
- 20 g Rosinen
- 25 g getr. Mango
- 30 g Mandeln
- 1 g Rosenwasser
- 10 g Wasser
- 10 g Kokosflocken

Die getrockneten Früchte vorschneiden. Mandeln in einem Zerkleinerer hacken, alles weitere zugeben und durchhacken. Während der Teig ruht, die Früchte stehen lassen.
Den Teig zu einer Rolle (5 cm Durchmesser) formen, Scheiben (ca. 3 cm dick) abschneiden und in Form bringen. Teigstückchen alle auf das mit Backpapier belegte Blech legen. Jeweils etwas Frucht-/Nussmasse mit einem Teelöffel oben drauf geben, mit der flachen Hand andrücken, dabei werden die Kekse flacher als 3 cm.
Ofen (Umluft) vorheizen, 15 Min. bei 170 °C backen und im ausgeschalteten Ofen noch weitere 5 Min. nachbacken. In einer gut schließenden Dose aufbewahren.

Riegel

Erdbeer-Finger

Rohkost
- 125 g Erdbeeren (netto)
- 10 g Zitronensaft
- 20-30 g Honig (richtet sich nach der Süße der Erdbeeren, also erst einmal mit 20 g anfangen)
- 25 g Rundkorn-Naturreis
- 40 g Cashewnüsse
- 40 g Kokosraspeln
- 30 g Kokosöl

Herstellung beschrieben für einen kleinen Mixer. Mit einem Hochleistungsmixer geht's flotter.

Erdbeeren ggf. klein schneiden. Mit Zitronensaft und Honig im kleinen Becher pürieren (hochstehendes Messer). Reis in der Mühle, Nüsse, Raspeln und Kokosöl (erst flaches, dann hochstehendes Messer) zusammen in einem kleinen Mixer mahlen. Dann die Erdbeermasse hinzugeben, mit dem Löffel und nochmals mit dem hochstehenden Messer gut durchrühren. Eine kleine rechteckige Form (z.B. Lasagneform) mit Haushaltsfolie auskleiden, die Masse auf eine Größe von ca. 10 x 10 cm ausstreichen (8-10 mm hoch). Im Kühlschrank schnittfest werden lassen, richtig fest wird es nicht. In fingergroße Häppchen schneiden und nach Geschmack noch mit halben Erdbeeren belegen. Auch eingefroren sehr lecker!

Aprikosen-Finger

- 40 g Cashewnüsse
- 40 g Kokosraspeln
- 30 g Kokosöl
- 125 g Aprikosen (netto)
- 10 g Zitronensaft
- 20-30 g Honig
- 25 g Rundkorn-Naturreis

Herstellung wie für Erdbeer-Finger beschrieben.

Orangen-Nuss-Schnitten

- 120 g Mandeln
- 50 g Cashewnüsse in einer weiten Pfanne rösten, bis sie duften und Farbe bekommen. Wenn sie ausgekühlt sind, mahlen (z.B. im Thermomix 3 Sek. auf Stufe 8).
- 50 g Datteln würfeln, ca. 1 Std. in
- 180 g Wasser einweichen und in einem kleinen Mixer pürieren.
- 100 g Dinkel, fein gemahlen
- 5 g frisch ger. Orangenschale
- 60 g Sonnenblumenöl
- 25 g Rosinen
- 1 TL Weinstein-Backpulver
- Etwas gemahlene Vanille

Das Dattelpüree mit den restlichen Zutaten in einen Mixer (z.B. den Thermomix) geben und auf Kneteinstellung 4 Min. durcharbeiten. In eine Form (26 x 22 cm) auf Backpapier streichen und 25 Min bei 180 °C (Umluft) backen. Noch lauwarm in Streifen schneiden. Variationen: Zitronenabrieb verwenden, Ingwerpulver oder Zimt als Gewürz wählen.

Kernige Honigriegel

Teig:	Belag:
• 250 g Dinkel, fein gemahlen	• 100 g Mandeln, grob geraffelt
• 100 g Sonnenblumenöl	mit
• 20 g Kokosöl	• 100 g Sonnenblumenkernen
• 40 g Honig	und
• 20 g Kakaonibs, im kleinen Mi-xer fein gemahlen	• 30 g Nackthafer, geflockt, in einem kleinen Topf etwas rös-
• 1 Prise Salz	ten, bis alles leicht Farbe an-
• 1 TL Weinstein-Backpulver	nimmt
Zutaten gründlich miteinander	• 50 g Kokosöl,
verkneten und mindestens	• 70 g Honig und
1 Std. im Kühlschrank ruhen	• 1 Prise Salz unterrühren und
lassen.	auskühlen lassen.

Teig glatt in eine mit Backpapier ausgelegte Form (26 x 22 cm) drü-cken und mit dem Belag bestreichen. 20 Min bei 180 °C im Ofen (Umluft) backen. Noch warm mit einem scharfen Messer in Recht-ecke (4 x 8 cm) schneiden und auskühlen lassen.

Johannesriegel (Rohkost)

- 3 EL Nacktgerste
- 1 EL Leinsamen (gold und braun gemischt)
- 75 g Erdmandeln
- 125 g schwarze Johannisbeeren (netto)
- 15 g Honig
- 25 g Kokosöl

Gerste und Leinsamen flocken. Erdmandeln im Hochleistungsmixer möglichst fein mahlen, mit einem Löffel den am Rand verfestigten Teil lösen. Johannisbeeren, Honig und Kokosöl hinzugeben, gut durchmixen. In einer Schüssel mit einem Löffel die Flocken unter-rühren. Auf einem Frühstücksbrett, mit Haushaltsfolie überzogen, ausstreichen, in Streifen schneiden. Im Kühlschrank erkalten lassen.

Müsliröstriegel *

- 50 g Nackthafer, geflockt
- 30 g Sesam
- 15 g Buchweizen
- 20 g Kokosflocken
- 35 g Rosinen
- 50 g Honig
- 15 g Kokosöl
- 1 Prise Zimt

Bis auf die Rosinen alle trockenen Zutaten einzeln nacheinander in einer Pfanne ohne Fett rösten, bis sie duften und Farbe annehmen. Umfüllen und Honig und Kokosöl in der Pfanne erhitzen, alle Zutaten einrühren. Auf einen Streifen Backpapier (ca. 30 x 20 cm) geben, die Seiten zu einem Päckchen einschlagen (ca. 10 x 20 cm) und die heiße Masse gut zusammendrücken. Im Kühlschrank komplett auskühlen lassen und mit einem scharfen Messer in 5 Riegel schneiden. Bei warmen Temperaturen werden sie etwas weich.

Feige Riegel *

- 260 g getr. Feigen in
- 200 g Wasser einweichen, dann in kleine Würfel schneiden.
- 100 g Nackthafer trocken in der Pfanne rösten, bis er springt und duftet, anschließend auskühlen lassen und flocken.
- 85 g Dinkel, fein mahlen
- 15 g Sonnenblumenöl
- 4 g frische Orangenschale, fein gewürfelt / als Schalenabrieb
- 1 Prise Salz
- 1 TL Weinstein-Backpulver
- 2 EL Sesam ungeschält (zum Bestreuen)

Alle Zutaten inkl. Einweichwasser mit der Hand verkneten, in eine mit Backpapier ausgelegte Form (26 x 22 cm) geben und mit der nassen Hand glattstreichen. Die Sesamkörner daraufstreuen und mit nasser Hand andrücken. 25 Min. bei 190 °C (Umluft) im vorgeheizten Ofen backen. Ausgekühlt in Riegel (10 x 5 cm) schneiden.

Vegane Nussriegel *

Teig:
- 320 g Dinkel, fein gemahlen, mit
- 1 TL Weinstein-Backpulver verrühren.
- 40 g Datteln zusammen mit
- 100 g Wasser,
- 100 g Sonnenblumenöl und
- 1 Prise Salz im Hochleistungsmixer pürieren, bis die Masse zu stocken beginnt.

Alles miteinander in einer Schüssel gut verkneten, Teig in Folie einschlagen und bei Zimmertemperatur eine Std. ruhen lassen.

Belag:
- 85 g Datteln zusammen mit
- 115 g Wasser
- 180 g Sonnenblumenöl
- 25 g Rosinen
- 1 Prise Salz und
- 35 g gem. Naturreis im Vitamix pürieren, bis die Masse stockt. In eine Schüssel umfüllen und mit
- 50 g Kokosflocken
- 110 g Sesam
- 30 g Rosinen
- 4 g Zimt
- 100 g grob geraffelten Mandeln und
- 60 g Sonnenblumenkernen zu einer glatten Masse vermischen.

Teig auf einem mit Backpapier belegten Backblech ausrollen und mit einer Gabel auf der ganzen Fläche einstechen, damit er keine Blasen wirft. Belag aufstreichen. 15 Min. bei 180 °C (Umluft) backen und 5 Min. im ausgeschalteten Backofen nachbacken. Auf einem Gitterrost auskühlen lassen; erst dann mit einem scharfen Messer in Riegel (ca. 5 x 10 cm) schneiden.

Knabberzeugs

Was können Vollwertler tun, wenn sie die Knabberlust überkommt? Da gibt es natürlich Nüsse. Oder auch Trockenfrüchte, die sind aber auf Dauer doch ein wenig arg kalorienreich und zahnschädigend :-) Aber Hilfe steht bereit: Da gibt es beispielsweise Knäckebrot, das sich auch für Wanderungen und den Imbiss zwischendurch anbietet – auch wenn der Vollwertler ja eigentlich nichts zwischen den Mahlzeiten isst. Aber nicht immer können oder wollen wir die Theorie befolgen.

Glückliche Besitzer von Waffel- und Hörncheneisen haben nun etwas Tolles zur Hand, was sie mit leisem Lächeln an jeder Chipstüte vorbeimarschieren lässt. Diese Cracker bzw. Brätzeli sind auf eine schweizerische Anregung zurückzuführen. Auch für Normalos erwiesenermaßen ein Genuss.

Rohkostknäcke

Butterkohl-Sellerie-Chips

- 2 Köpfe Butterkohl (ca. 380 g ohne Stängel)
- 50 g Sellerieblätter (von Stangensellerie)
- 80-90 g Zucchini
- 8 g Essigpeperoni
- 2 große Knoblauchzehen (16 g netto)
- 7 g Ingwer, ungeschält
- 120 g Sonnenblumenöl
- 80 g Apfelessig
- 100 g Wasser
- 45 g Tamari, Rohkost
- 1 TL Gemüsesalz
- 80 g Sonnenblumenkerne
- 60 g Leinsamen

Gemüse waschen, abtropfen lassen. Vom Butterkohl die Stängel ausschneiden. Dann die Blätter aufrollen und in Streifen bzw. Stücke schneiden, etwa Chipsgröße.

Die restlichen Zutaten außer der Leinsaat im Hochleistungsmixer zu einer glatten Masse schlagen (= Roh-Mayonnaise). Mit den Leinsamen und dem Gemüse in einer großen Schüssel gut vermengen, dabei die Blätter auch schon mal fest zusammendrücken, damit sie die Soße aufnehmen.

Auf drei bis vier Einschübe des Dörrgeräts verteilen und bei 41 °C trocknen, bis die Chips knackig sind.

Spitze Wirsing-Chia-Cracker mit Paprika

- 350 g Wirsing- und Spitzkohlstrunkteile (d.h. nur Rippen und Strunkteile)
- 1 kleiner Apfel (85 g)
- 145 g Salatgurke
- 50 g Apfelessig

- 1 Knoblauchzehe (4 g brutto)
- 1/2 gelbe Paprikaschote (80 g)
- 20 g Olivenöl
- 1 Aprikose ohne Stein (ca. 35 g)
- 1 geh. TL Gemüsesalz
- 50 g Chiasamen
- 60 g goldener Leinsamen
- 40 g Roh-Mayonnaise (siehe Butterkohl-Sellerie-Chips links); statt Mayonnaise: geht auch 20 g Sonnenblumenöl + 20 g Essig.

Gemüse, Apfel und Gurke grob vorschneiden, in einen Hochleistungsmixer geben und mit Knoblauchzehe (ungeschält), Salz, Essig, Öl, Aprikose und Roh-Mayonnaise ganz fein pürieren. In einer Schüssel mit Chiasamen und Leinsamen 30-60 Min. quellen lassen. Dünn auf 3 Paraflexx-Folien (Spezialfolien für Dörrgeräte) ausstreichen, in Stücke vorschneiden und 8 Stunden bei 41 °C trocknen lassen. Die Stücke umdrehen und weitere 14 Stunden trocknen.

Wirsing-Chia-Cracker mit Rosmarin

- 420 g Wirsingstrunkteile
- 1 kleiner Apfel (85 g)
- 1 Tomate (125 g)
- 50 g Apfelessig
- 1 in Essig eingelegter Rosmarin-Zweig
- 1 Knoblauchzehe (4 g brutto)
- 1 geh. TL Gemüsesalz
- 20 g Chiasamen
- 80 g goldener Leinsamen
- 40 g Roh-Mayonnaise (siehe Butterkohl-Sellerie-Chips links); statt Mayonnaise: geht auch 20 g Sonnenblumenöl + 20 g Essig

Herstellung wie für „Spitze Wirsing-Chia-Cracker mit Paprika" beschrieben.

Wirsing-Cracker pur Chia

- 430 g Wirsing- und Spitzkohl-strunkteile (d.h. nur Rippen und Strunkteile)
- 2 große Datteln (47 g netto)
- 100 g Salatgurke
- 120 g Wassermelone ohne Schale
- 55 g Apfelessig
- 1 Knoblauchzehe (6 g brutto)
- 15 g Olivenöl
- 1 TL Gemüsesalz
- 43 g Roh-Mayonnaise (siehe Butterkohl-Sellerie-Chips vorherige Seite) oder 20 g Sonnenblumenöl + 20 g Essig
- 100 g Chiasamen

Herstellung sie Wirsing-Chia-Cracker mit Rosmarin, vorherige Seite.

Wirsing-Chips „Du darfst"

Viele der sehr leckeren Chips sind durch die Mayonnaise relativ fettig. Hier stellen wir eine quasi „Spar"-Version vor.

- 1 Kopf Wirsing (ca. 1000 g brutto)
- 8 g Essig-Peperoni
- 2 große Knoblauchzehen (16 g netto)
- 10 g Ingwer, ungeschält
- 40 g Sonnenblumenöl
- 80 g Apfelessig
- 100 g Wasser
- 50 g Tamari Rohkost
- 1 TL Gemüsesalz
- 50 g Sonnenblumenkerne
- 50 g Naturreis
- 50 g goldener und brauner Leinsamen

Wirsing waschen, abtrocknen lassen. Rippen herausschneiden und anderswo weiterverwenden. Die Blätter in Stücke schneiden, etwa Chipsgröße. Den Reis fein mahlen.

Alle Zutaten außer der Leinsaat im Hochleistungsmixer zu einer glatten Masse schlagen. Mit Leinsamen und dem Wirsing in einer großen Schüssel gut vermengen, dabei die Wirsingblätter auch schon mal fest zusammendrücken, damit sie die Soße aufnehmen.

Auf drei bis vier Excalibur-Einschübe verteilen und bei 41 °C trocknen, bis die Chips knackig sind (ca. 14 Std.).

Broccoli-Kräckär

- 1 geh. TL Salz
- 140 g Sonnenblumenöl
- 60 g Apfelessig
- 4 g Knoblauch (3 kleine Zehen, ungeschält)
- 2 Äpfel (200 g)
- Broccolistrunk und ein paar Broccoliröschen (400 g netto)
- 35 g Leinsamen
- 100 g Rundkorn-Naturreis

Flüssigkeiten zuerst in den Mixer geben. Dann die größeren Zutaten vorschneiden, Reis mahlen und alle Zutaten in einen Hochleistungsmixer geben und mit dem Stößel zu einer glatten Paste verarbeiten. Mit einem Spatel auf drei Folien auftragen. Mit dem nassen Spatel Stücke vorzeichnen und 24 Stunden bei 40 °C trocknen. Dann umdrehen, nochmals 6 Stunden trocknen. Beim Excalibur = 3 Einschübe.

Carrot Crackers

- 100 g Nacktgerste
- 1 geh. TL Salz
- 110 g Sonnenblumenöl
- 4 g Knoblauch (3 kleine Zehen, ungeschält)
- 2 Äpfel (180 g)
- 2 Möhren (425 g netto)
- 2 EL Kokosraspeln (Rohkostqualität)
- 40 g Apfelessig
- 40 g Leinsamen

Gerste flocken. Mit Salz, Sonnenblumenöl und Knoblauch in den Hochleistungsmixer geben. Äpfel in Stücke schneiden, hinzufügen. Möhren waschen und grob vorschneiden. Mit den anderen Zutaten außer der Leinsaat in den Hochleistungsmixer geben, mit dem Stößel zu einer glatten Paste verarbeiten. Kurz die Leinsamen einarbeiten. Weiter wie oben beschrieben. Beim Excalibur = 2,5 Einschübe.

Fenchel-Chia-Cracker

Nach einem Rezept von James Russell, einem bekannten britischen „Rohkoch"

- 1 Fenchelknolle (350 g)
- 1 kleiner Apfel (95 g)
- 1 Tomate (110 g)
- 30 g Apfelessig
- 1 Knoblauchzehe (6 g netto)
- 1 geh. TL Salz
- 50 g Chiasamen
- 50 g Leinsamen

Fenchel, Apfel und Tomate grob vorschneiden, in den Hochleistungsmixer geben und mit der geschälten Knoblauchzehe, Essig und Salz ganz fein pürieren. In einer Schüssel mit Chiasamen und Leinsamen 30-60 Min. quellen lassen. Dünn auf Folien ausstreichen und 8 Std. bei 40 °C trocknen lassen. Von der Folie lösen, in Stücke schneiden und weitere 14 Std. trocknen.

Gemüsereste-Cracker mit Chia

- 350 g Gemüsereste (hier: Butterkohlstängel, Broccolistrunk, Stängel von Sellerieblättern von Stangensellerie u.ä.)
- 2 kleine Äpfel (205 g)
- 2 Tomaten (250 g)
- 40 g Apfelessig
- 1 Knoblauchzehe (6 g netto)
- 1 TL Salz
- 75 g Chiasamen
- 50 g Leinsamen

Gemüsereste, Äpfel und Tomaten grob vorschneiden, in den Hochleistungsmixer geben und mit der geschälten Knoblauchzehe, Essig und Salz ganz fein pürieren. In einer Schüssel mit Chiasamen und Leinsamen 30-60 Min. quellen lassen. Wie oben beschrieben weiter arbeiten. Gute Resteverwertung.

Rotkohl-Chips

- 1 Kopf Rotkohl (ca. 900 g brutto)
- 5 g Essig-Peperoni
- 1 große Knoblauchzehe (10 g netto)
- 5 g Ingwer, ungeschält
- 120 g Sonnenblumenöl
- 80 g Apfelessig
- 1 Apfelsine (geschält, 150 g netto)
- 50 g Wasser
- 2 TL Curry Rohkostqualität
- 1 TL Gemüsesalz
- 80 g Sonnenblumenkerne
- 60 g Leinsamen

Rotkohl ggf. waschen, abtrocknen lassen, vierteln und den Strunk herausschneiden. In Stücke schneiden, etwa Chipsgröße. Weiter verarbeiten wie für andere Chips beschrieben.
Tipp: Strunkreste kann man mit Pestoresten usw. zu einer neuen Salatcreme verarbeiten!

Wirsing-Knacker

- 1 geh. TL Salz (8 g)
- 140 g Sonnenblumenöl
- 60 g Apfelessig
- 4 g Knoblauch (3 kleine Zehen, ungeschält)
- 2 Äpfel (200 g)
- Wirsing (450 g netto)
- 125 g Sonnenblumenkerne
- 100 g Rundkorn-Naturreis
- 1 TL gem. Koriander
- 1/4 TL gem. Kümmel

Flüssigkeiten zuerst in den Mixer geben. Größere Zutaten vorschneiden, Reis mahlen. Alles (50 g Sonnenblumenkerne zurückbehalten) in einen Hochleistungsmixer (2 Liter-Becher) geben und mit dem Stößel zu einer glatten Paste verarbeiten. 50 g Sonnenblumenkerne hinzufügen und nochmal pürieren. Excalibur = 3 Einschübe.

Knäckebrot

Mohnknäcke-Wafers

- 200 g Emmer
- 1 Prise Salz
- 1 EL Sonnenblumenöl
- 85-90 g Wasser
- 3-4 EL Sonnenblumenöl
- 1-2 EL Mohn

Emmer fein mahlen, mit Salz mischen. Öl und 75 g Wasser einarbeiten, 5 Min. lang kneten, dabei vorsichtig das restliche Wasser einarbeiten, soll nur ganz leicht klebrig sein. Abgedeckt 45-60 Min. ruhen lassen.
Auf einer Dauerbackfolie dünn (max. 1 mm) ausrollen (wenn es verrutscht, unter die Folie ein nasses Küchenhandtuch legen). Mit Öl bepinseln und mit Mohn bestreuen. Ofen (Umluft) auf 250 °C vorheizen, dann 10 Min. bei 200 °C backen.

Alfalfa-Knäcke

- 300 g Weizen
- 50 g Nackthafer
- 1 geh. EL Alfalfa-Samen
- 1 TL Salz
- 60 g Sonnenblumenöl
- 190 g Wasser
- 40 g Leinsamen

Weizen, Hafer und Alfalfa-Samen mischen und in einer Getreidemühle fein mahlen. Zusammen mit den anderen Zutaten gründlich durchkneten. Kugel formen, abgedeckt 30-60 Min. ruhen lassen. Teig auf einer Dauerbackfolie in Größe eines Backblechs ausrollen. Mit einer Gabel einstechen, Stücke vorschneiden. In dieser Zeit Ofen auf 175 °C vorheizen (Heißluft). 30 Min. backen (letzte 10 Min: Ofen auf 200 °C). Lauwarm in Stücke brechen.

Schmand-Kümmel-Knäcke

- 200 g Weizen
- 100 g Sechskorngetreide
- 1 TL Salz
- 1 TL Kümmel, ungemahlen
- 200 g Schmand
- 30 g Wasser

Weizen und Sechskorngetreide mischen und fein mahlen. Mit den anderen Zutaten gründlich durchkneten, Wasser portionsweise hinzugeben, lieber erst einmal mit 10 g anfangen und schauen, wie der Teig wird. (Kneten im Thermomix: 3 Min. auf der Knetstufe). Zu einer Kugel formen und in einer Schüssel in einer Plastiktüte 15-20 Min. ruhen lassen. Teig auf einer Dauerbackfolie in Größe des Backblechs ausrollen. Mit einer Gabel oder einem Stipper einstechen und mit einem Teigrädchen Stücke vorschneiden. Den Ofen 15 Min. auf 250 °C vorheizen (Heißluft). In den Ofen schieben, auf 150 °C stellen und insgesamt 60 Min. mehr trocknen als backen. Aus dem Ofen nehmen und auf einem Gitterrost erkalten lassen. Sobald es nicht mehr ganz heiß ist, entlang der Perforation in Stücke brechen. In eine gut schließende Metalldose geben.

Knäckebrot mit Grün

- 75 g Dinkel, fein mahlen
- 25 g Nackthafer zusammen mit
- 25 g Buchweizen flocken.
- 50 g Leinsamen
- 25 g Sesam
- 10 g Sonnenblumenöl
- 25 g Kohlrabiblätter
- 200 g Mineralwasser mit Kohlensäure
- 1 TL Kräutersalz
- 1/2 TL Schabzigerklee
- Etwas Paprikapulver und Pfeffer

Kohlrabiblätter grob vorschneiden und mit dem Wasser in einem starken Mixer glatt pürieren. Zutaten in eine Schüssel geben und gut miteinander verrühren. Mindestens 45 Min. quellen lassen und auf ein mit Backpapier ausgelegtes Backblech streichen. Mit einem Silikonspatel in Rechtecke teilen. 35 Min. bei 180 °C im Umluftherd backen und weitere 5 Min. im ausgeschalteten Backofen nachbacken. Auf einem Rost komplett auskühlen lassen und luftdicht verschlossen aufbewahren.

Herzhaftes Knabbergebäck

- 125 g Dinkel, fein gemahlen
- 50 g Wasser
- 15 g frische Biohefe
- 1 TL Kräutersalz
- 15 g Sonnenblumenöl
- Sesam zum Bestreuen

Hefe und Salz im Wasser auflösen und das Mehl einkneten. Restliche Zutaten einkneten. Teig auf einem mit Backpapier belegten Blech dünn ausrollen oder zu dünnen Stängelchen rollen, mit Sesam bestreuen, Sesam andrücken. Ausgerollte Teigplatte mit einem Teigrädchen in kleine Stückchen schneiden. 10 Min. bei 200 °C (Umluft) backen. Die Backzeit richtet sich nach der Teigdicke. Richtig knusprig sind die Kekse, wenn sie auch etwas Farbe haben. Sobald die Kekse ausgekühlt sind, sollten sie luftdicht verpackt werden. Der Teig benötigt keine Gehzeit.

Dieser Teig kann unterschiedlich gewürzt werden: Paprikapulver, Rosmarin, Oregano, Tomatenmark, verschiedene Saaten, Curry, verschiedene Getreidearten, Senf, Kräuter, Knoblauch, Zwiebel usw.

Am besten im Anschluss an ein anderes Gebäck backen, dann muss der Ofen nicht extra aufgeheizt werden.

Kartoffel-Gemüse-Knäcke

- 50 g Broccoli (bei mir nur Strunk)
- 150 g Karotte
- 270 g gekochte Kartoffeln mit Schale
- 125 g Dinkel
- 50 g Grünkern
- 15 g Sonnenblumenöl
- 145 g Wasser
- 6 g Gemüsesalz
- 1 Prise Muskat
- 1 gute Prise gem. schwarzer Pfeffer
- 20 g Kürbiskerne
- 15 g Sonnenblumenkerne

Gemüse grob vorschneiden und im Thermomix 5 Sek. auf Stufe 5 zerkleinern. Mit einem Schaber die hochgedrückte Masse vom Rand nach unten schieben und 2 Sek. auf Stufe 10 schalten. Getreide mischen und fein mahlen. Alle Zutaten in den Thermomix geben und auf „Kneten" 3 Min. laufen lassen – eventuell zwischendurch noch einmal mit dem Schaber vom Rand lösen. Die Masse auf ein Backblech mit Backpapier ausstreichen, mit Saaten bestreuen. Mit einem Teigschaber Rechtecke ziehen. Die Saaten etwas andrücken. 45 Min. bei 190 °C im Umluftherd backen und im ausgeschalteten Ofen 5-10 Min. nachbacken. Auf die Randstücke achten, dass sie nicht zu dunkel werden, sonst diese Stücke früher herausnehmen.

Zubereitung geht auch in einer Küchenmaschine mit Hackmesser, oder in mehreren Gängen mit Schneidegerät und Handrührgerät.

Zur Aufbewahrung in ein Küchenhandtuch einschlagen, in einer geschlossenen Dose wird das Gebäck weich.

Knusperknäcke

- 150 g Weizen
- 75 g Roggen
- 25 g Hirse
- 1/2 TL Kümmel
- 1 TL Salz
- 30 g Olivenöl
- 275 g Wasser
- 2 EL Sesam, ungeschält
- 2 EL goldener Leinsamen
- 2 EL Sonnenblumenkerne
- 2 EL Buchweizen

Getreide mischen und mit dem Kümmel mahlen. Salz untermischen. Die Flüssigkeiten mit einem Schneebesen portionsweise einrühren, dann die Saaten und den Buchweizen unterziehen. Mit einem nassen Teigschaber auf einem mit Dauerbackfolie ausgelegten Backblech verteilen. Mit einem Teigrädchen in Stücke schneiden und in den kalten Ofen schieben, 50-60 Min. bei 160 °C mehr trocknen als backen.

Rundknäcker

75 g Sojabohnen	2 TL Pizzagewürz
100 g Weizen	1 gestr. TL Salz
35 g Haselnüsse	15 g Knoblauch netto
1 TL Weinstein-Backpulver	50 g + 15 g Wasser
1 TL Paprika edelsüß	75 g Olivenöl

Sojabohnen und Weizen in der Getreidemühle, Haselnüsse im Mixer fein mahlen. Trockene Zutaten vermischen, Backpulver und Paprika eventuell sieben. Knoblauchstücke in 50 g Wasser zu einer Brühe schlagen, mit 15 g Wasser nachspülen und dieses Wasser ebenfalls zum Mehl geben. Öl hinzugeben und gut verkneten. Kleine Kugeln nebeneinander auf ein mit Dauerbackfolie ausgelegtes Backblech setzen, mit einer Gabel zu flachen Talern drücken. Falls die Gabel klebt, ein Stück Haushaltsfolie zwischen Teig und Gabel legen.

Cracker – herzhaft

Die Cracker-Phase geht auf Agnes zurück. Danke an Agnes Hug, die mir einmal schweizerisch-vollwertige Brätzeli aus ihrer Küche übersandte! Da hatte mich das Fieber gepackt. Ein echtes Schweizer Brätzeli-Gerät war mir damals zu teuer. Ein gutes Hörncheneisen, ja, zur Not ein Waffeleisen, tut es auch, haben wir festgestellt.

Schöne Cracker lassen sich aus Rühr- und Knetteigen herstellen, die Knetteige müssen ausgerollt werden. Wenn die Cracker weich sind, kann man sie kurz nachbacken oder im Toaster auf kleinster Einstellung kurz aufbacken. Das gilt auch, wenn sie nach ein paar Tagen weich geworden sind!

Bei den Knetteigen wird eine etwa walnussgroße Masse (15 g Teig) möglichst dünn ausgerollt und gebacken. Beim Rührteig nimmt man einen gefüllten Teelöffel. Im Folgenden sind außer in Sonderfällen nur die Zutaten angegeben, die genaue Zubereitung ist ja einfach und immer wieder gleich. Die Rührteige lassen sich entweder mit einem Handrührgerät, einer Küchenmaschine (bei größeren Mengen) oder mit einem Schneebesen herstellen.

Allererste Brätzeli

- 40 g Dinkel fein mahlen, mit
- 1 Prise Salz (2 g) mischen; dann
- 1 EL Sonnenblumenöl (10 g) hinzugeben; mit
- 1 EL + 1 TL (= 15 g) Wasser, verkneten. Zwei runde Plätzchen ausrollen. Auf Stufe 4 (von 5) backen.

Erste Rührteigcracker

- 20 g Dinkel fein mahlen mit
- 1 Prise Salz (2 g) mischen; hinzugeben:
- 5 g Sonnenblumenöl
- 30 g Wasser, verrühren

Je 1 TL Teig in das heiße Eisen geben, fest zudrücken und auf Stufe 4-4,5 (von 5) ausbacken.

Saatencracker

Knetteig:
- 100 g Dinkel fein mahlen mit
- 1 Prise Salz (2 g) mischen; hinzugeben:
- 15 g Sonnenblumenöl
- 45 g Wasser, verkneten.

Beim Ausrollen der Teigstücke können noch Gewürze, feine Saaten usw. eingeknetet werden. Man muss aber fix mit dem Ausrollen sein, weil sonst die Maschine piept, bevor das nächste Teil ausgerollt ist. *Variationen:* Leinsamen, Sesam, Paprika (schlecht nachträglich einzuarbeiten), Pizzagewürz. Auf Stufe 4 (von 5) backen.

Brätzeli "Industriemaßstab"

Knetteig:
- 300 g Dinkel fein mahlen mit
- 1 TL Salz (5 g) mischen; hinzugeben:
- 60 g Sonnenblumenöl
- 120 g Wasser, verkneten in einer Küchenmaschine

15 g schwere Teigstücke sehr dünn ausrollen, dabei können noch Gewürze, feine Saaten usw. eingeknetet werden. Man muss aber fix mit dem Ausrollen sein, weil sonst die Maschine piept, bevor das nächste Teil ausgerollt ist. Auf Stufe 4,5 bis 5 (von 5) lecker, allerdings etwas unregelmäßig braun, was nicht stört. Schmackhaft, aber anders sind die Brätzeli, wenn die Teigstücke 3 mm dick sind.

Rührteig-Brätzeli in größerem Maßstab

- 150 g Dinkel mit
- 50 g Nackthafer fein mahlen,
- 1 gestr. TL Salz (2 g) untermischen; mit dem Handrührgerät
- 50 g Sonnenblumenöl
- 200 g Wasser, einrühren

Der Teig sollte vorher 30 Min. quellen
Auf Stufe 4 (von 5) backen.

Rote Bete-Cracker

Rührteig in größerem Maßstab:
- 200 g Dinkel fein mahlen. Im Hochleistungsmixer
- 105 g Rote Bete, vorgeschnitten
- 1 TL Salz (4 g)
- 1 gestr. TL Koriander (3 g)
- 35 g Peperoniessig
- 165 g Wasser fein mixen, mit
- 60 g Sonnenblumenöl zum Teig geben, mit dem Handrührgerät verrühren; 30-45 Min. stehen lassen. Auf Stufe 4 (von 5) backen.

Kartoffelchips

- 100 g Dinkel fein mahlen,
- 1 gestr. TL Salz (2 g) und
- 1 TL Paprika edelsüß untermischen; im Hochleistungsmixer
- 130 g Kartoffeln, ungeschält
- 70 g Wasser
- 30 g Peperoniessig gut mixen, mit dem Handrührgerät
- 30 g Sonnenblumenöl unterrühren. Abgedeckt ca. 30 Min. stehen lassen.

Je 1 geh. Teelöffel in die Maschine geben, gut zudrücken. Auf höchster Stufe (5 von 5) backen.

Maronencracker

- 200 g Weizen fein mahlen,
- 1 gestr. TL Salz (2 g) untermischen; im Magic
- 100 g gekochte Maronen
- 200 g Wasser (oder mehr)
- 15 g Sonnenblumenöl unterrühren.

Abgedeckt ca. 30 Min. stehen lassen. Je 1 geh. TL in die Maschine geben, gut zudrücken. Auf höchster Stufe (5 von 5) backen.

Möhrenchips

Rührteig:
- 65 g Dinkel mit
- 135 g Weizen fein mahlen,
- 1 gestr. TL Salz (2 g) untermischen; im Hochleistungsmixer
- 100 g Möhre, vorgeschnitten,
- 30 g Knoblauch-Ingwer-Paste
- 175 g Wasser (oder mehr)
- 60 g Sonnenblumenöl unterrühren.

Abgedeckt ca. 30 Min. stehen lassen. Je 1 geh. TL in die Maschine geben, gut zudrücken. Auf höchster Stufe (5 von 5) backen.

Pizzacracker

- 200 g Dinkel fein mahlen,
- 1 gestr. TL Salz (2 g) und
- 2 TL Pizzagewürz, zwischen den Händen zerrieben, untermischen; im kleinen Mixer
- 50 g Mandeln mit
- 100 g Wasser 1 Min. mixen, zum Teig geben, Becher mit
- 130 g Wasser ausspülen;
- 40 g Sonnenblumenöl und
- 10 g Mandelöl hinzufügen, mit dem Handrührgerät verrühren.

Auf Stufe 4 (von 5) backen.

Kichererbsen-Knetteig

- 65 g Kichererbsen, dann
- 55 g Dinkel fein mahlen, mit
- 1 TL Salz
- 1 TL Schwarzkümmelsamen (ca. 2 g) mischen;
- 30 g Sonnenblumenöl hinzugeben.
- 50 g Wasser, verkneten mit dem Handrührgerät, Knethaken

15 g schwere Teigstücke sehr dünn ausrollen, ergibt 12 Stück. Auf Stufe 4 (von 5) backen.

Spinat-Cracker

- 25 g Babyspinat mit
- 100 g Wasser im Mixer gut durchschlagen.
- 100 g Dinkel fein mahlen,
- 1 gestr. TL Salz (2 g) untermischen;
- 30 g Sonnenblumenöl und Spinatwasser hinzufügen, mit dem Handrührgerät verrühren.

45-60 Min. abgedeckt stehen lassen. Auf mittlerer Stufe backen.

Peperoni-Cracker

- 100 g Dinkel fein mahlen,
- 1 gestr. TL Salz (2 g),
- 1 TL Paprika edelsüß und
- 1/4 TL Chilipulver untermischen; im kleinen Mixer
- 50 g rote Paprika mit
- 100 g Wasser, hochstehendes Messer, gut durchschlagen.
- 25 g Sonnenblumenöl und Paprikawasser hinzufügen

Mit dem Handrührgerät verrühren. 45-60 Min. abgedeckt stehen lassen. Auf mittlerer Stufe backen.

Tandoori-Cracker mit Quinoa

- 50 g Weizen zusammen mit
- 50 g Quinoa fein mahlen,
- 1 gestr. TL Salz (2 g),
- 1 geh. TL Tandoori-Gewürzmischung untermischen;
- 100 g Wasser und
- 25 g Sonnenblumenöl hinzufügen

Mit dem Handrührgerät verrühren. 45-60 Min. abgedeckt stehen lassen. Auf mittlerer Stufe backen.

Kokos-Brätzeli

Gibt ca. 15 Stück; Rührteig
- 25 g Kokosöl auf 60 °C (Angabe für Induktion) flüssig werden lassen,
- 40 g Kokosraspeln hinzugeben, auf 80/100 °C rösten, bis sie hellbraun sind. 25 g von der Masse mit
- 150 g Wasser im kleinen Mixer fein mahlen.
- 100 g Dinkel in der Mühle fein mahlen, mit
- 1/2 TL Salz verrühren, geröstete Masse und Wasser hinzufügen, mit dem Handrührgerät verrühren; direkt backen. Je 1 geh. TL in die Maschine geben, gut zudrücken. Auf Stufe 5 backen.

Kräutercracker

- 35 g Weizen
- 15 g Buchweizen mischen und mahlen, mit dem Löffel
- 2 TL Leinsamen
- 2 Prisen Pizzagewürz
- 1-2 Prisen Salz unterrühren, dann mit
- 10 g Sonnenblumenöl und
- 25 g Wasser zu einem leicht klebrigen Nudelteig verarbeiten.

Mindestens 5-10 Min. stehen lassen. Dann das Eisen erhitzen, in der Zeit den Teig möglichst dünn ausrollen und auf Stufe 4 (von 5) backen.

Reis-Cracker

- 20 g Azukibohnen mit
- 80 g Naturreis fein mahlen. Im Hochleistungsmixer
- 80 g Blumenkohlgrün mit
- 135 g Wasser zu einer glatten Masse schlagen, mit Reis/Bohnen,
- 1/2 TL Salz
- 1 TL gem. Kreuzkümmel und
- 2 EL Dinkelmehl mit dem Handrührgerät verrühren

Direkt verwenden. Die Cracker haben die Tendenz, oben am Eisen festzuhängen. Daher nach Auftragen des Teigs erst eine kleine Weile warten und dann das Eisen schließen. Auf Stufe 4 (von 5) backen.

Tomaten-Knusper

- 150 g Dinkel mit
- 50 g Hartweizen fein mahlen, im Hochleistungsmixer
- 1 große Tomate (180 g) mit
- 1 großer Knoblauchzehe (9 g netto)
- 1 TL Salz
- 1 TL Paprika edelsüß
- 50 g Wasser fein pürieren, zum Getreide geben, Becher mit
- 25 g Wasser nachspülen, ebenfalls zum Getreide geben, außerdem noch
- 50 g Sonnenblumenöl. Alles mit dem Handrührgerät verrühren

Ca. 45 Min. quellen lassen. Auf Stufe 3-4 (von 5) backen.

Oliven-Brätzeli

Rührteig:
- 50 g Dinkel mit
- 50 g Buchweizen fein mahlen, mit
- 2 Prisen Salz und
- 1 TL Pizzagewürz vermischen, im Mixer
- 75 g schwarze, entsteinte Oliven
- 100 g Wasser verquirlen, mit
- 15 g Sesamöl zum Mehl geben und mit dem Handrührgerät verrühren. Auf Stufe 4 (von 5) backen.

Bärlauch-Cracker

- 250 g grannigen Kreuzritterweizen fein mahlen. Mit
- 1 TL Salz und
- 10 g ungeschälter Sesamsaat verrühren.
- 35 g Olivenöl
- 80-90 g Bärlauch in Sonnenblumenöl und
- 350 g Wasser hinzufügen und mit dem Schneebesen verrühren. Auf Stufe 4 (von 5) backen.

Weißkohl-Schlaffis

- 200 g Dinkel und
- 50 g Buchweizen fein mahlen, mit
- 2 Prisen Salz und
- 1/2 TL gem. Kümmel vermischen, im Hochleistungsmixer
- 125 g Weißkohl, vorgeschnitten, mit
- 300 g Wasser verquirlen, mit
- 50 g Sonnenblumenöl zum Mehl geben und mit dem Handrührgerät verrühren

45 Min. quellen lassen. Je 1 geh. TL in die Maschine geben. Auf Stufe 4-5 (von 5) backen. Die Schlaffis sollten frisch gegessen werden, da sie rasch weich werden (dann nochmals aufbacken, das hilft!).

Linsen-Cracker

- 50 g Linsen 12 Std. einweichen, 12 Std. keimen lassen und mit
- 200 g Wasser im Hochleistungsmixer pürieren.
- 50 g Roggen und
- 50 g Dinkel fein mahlen, mit
- 1 TL Paprika edelsüß
- 1 LS Chilipulver
- 1 TL Salz verrühren,
- 25 g Sesamöl hinzugeben und mit dem Handrührgerät verrühren. Auf Stufe 4 (von 5) backen.

Grannige Cracker

- 250 g granniger Kreuzritterweizen; die Hälfte mit
- 1 TL Kümmel kurz grob anschroten (Mühle Stufe 5/9), Rest fein mahlen. Mit
- 1 TL Salz verrühren.
- 50 g Olivenöl
- 10 g Tamari und
- 400 g Wasser hinzufügen; mit einem Handrührgerät verrühren.

Ca. 1-2 Std. quellen lassen. Je 1 EL in die Maschine geben, schließen. Auf Stufe 3,5 - 4,5 (von 5) backen. Evtl. nachbacken, wenn zu weich.

Scharfe Brätzeli

- 55 g rauen Kreuzritterweizen mit
- 100 g schwarzem Einkorn und
- 150 g Dinkel fein mahlen. Mit
- 1 TL Salz verrühren.
- 50 g frische rote Paprika mit
- 25 g Essigpeperoni und
- 55 g Olivenöl in einem kleinen Mixer pürieren,
- 405 g Wasser hinzufügen und mit dem Handrührgerät verrühren.

Ca. 1-2 Std. quellen lassen. Je 1 EL in die Maschine geben, schließen. Auf Stufe 3,5-4,5 (von 5) backen. Weniger Wasser wäre besser gewesen, weil sie so teilweise wie ein „Spitzentaschentuch" aussehen. Schön knusprig werden die Brätzeli aber.

Tortilla-Cracker

Ziemlich hart, da der Teig sich nicht gut ausrollen lässt.
Knetteig:
- 300 g Mais fein mahlen, mit
- 1/2 TL Salz und
- 1 MS Chilipulver verrühren,
- 50 g Sonnenblumenöl und
- 175 g Wasser einarbeiten, 1/2 Stunde abgedeckt ruhen lassen.

Kleine Kugeln formen, zwischen den Händen flachdrücken und in einem Hörncheneisen backen. Oder die Kugeln direkt in das Hörncheneisen geben und sehr fest zudrücken. Auf Stufe 3-4 (von 5) rösten und auf einem Kuchengitter auskühlen lassen.

Mangold-Cracker

Knetteig:
- 60 g Sonnenblumenöl mit
- 1 TL Salz und
- 180 g Mangold, frisch gewaschen, in einem starken Mixer zu einer homogenen Flüssigkeit pürieren.
- 300 g Emmer fein mahlen

Mangoldflüssigkeit und Emmer in einer Knetmaschine zu einem relativ festen Knetteig verarbeiten. 13-15 g schwere Teigstücke dünn ausrollen. Auf Stufe 3,5-4 (von 5) backen, allerdings werden die Cracker etwas unregelmäßig braun, was nicht stört.

Maiscracker Mexiko

- 50 g kochendes Wasser
- 3 g Kräutersalz
- 3 g Honig
- 30 g Mais, gröber gemahlen, etwa wie Grieß
- 6 g Sonnenblumenöl
- 25 g Dinkel, fein gemahlen
- 2 gute Prisen Kreuzkümmel
- 1/2 gestr. TL Paprika edelsüß
- 1/2 gestr. TL Curry
- 1 MS Chilipulver

Kochendes Wasser in einem Schälchen mit Salz und Honig verrühren, Maisgrieß einrühren und 5 Min. quellen lassen. Restliche Zutaten mit einer Gabel einrühren, 30 Min. ruhen lassen. Mit einem TL Teig abstechen und auf Stufe 3 (von 5) kleine Cracker backen.

Hildegards Cracker

- 75 g Rundkorn-Naturreis
- 50 g Dinkel
- 50 g Emmer
- 1 TL Salz
- 1 gestr. TL gem. Muskatnuss
- 50 g Sesamöl
- 210 g Wasser

Den Reis in einer trockenen Pfanne auf mittlerer Hitze rösten, bis er springt. Mit Dinkel und Emmer mischen und fein mahlen. Die restlichen Zutaten mit einem Schneebesen einarbeiten. Ca. 30 Min. stehen lassen. Jeweils 1 TL Teig auf das Eisen geben, auf Stufe 4 (von 5) backen.

Lauch-Cracker

- 100 g Dinkel mit
- 100 g Emmer fein mahlen. Im Hochleistungsmixer
- 65 g Porreeweiß, vorgeschnitten
- 50 g Haselnüsse
- 1 TL Salz (8 g)
- 1 MS Chilipulver (nach Geschmack mehr) und
- 150 g Wasser fein mixen, zum Mehl geben. Den Becher mit
- 75 g Wasser nachspülen, mit
- 60 g Sonnenblumenöl zum Teig geben und dem Handrührgerät verrühren. Kurz stehen lassen.

Jeweils 1 TL Teig auf das Eisen geben, auf Stufe 4 (von 5) backen.

Bohnen-Zwiebel-Cracker

Vorbereitung: Bohnen kochen
- 150 g weiße Bohnen 12-24 Std. in
- 450 g Wasser einweichen

Im Schnellkochtopf mit 160 g Wasser 10 Min. auf Stufe II kochen. Ohne Schnellkochtopf ca. 40-60 Min. kochen. Das ergibt 425 g gekochte weiße Bohnen, für dieses Rezept benötigt werden 75 g.

Teigzutaten:
- 65 g Dinkel
- 80 g Nacktgerste
- 75 g gekochte weiße Bohnen
- 1 gestr. TL Salz (6-8 g)
- 40 g Olivenöl
- 150 g Wasser
- 2-3 TL schwarze Zwiebelsamen (oder Schwarzkümmel)

Dinkel und Gerste mischen und fein mahlen. Bohnen mit Salz, Öl und 100 g Wasser in einem kleinen Mixer pürieren. Mit einem Schneebesen in das Mehl rühren, dann die noch übrig gebliebenen 50 g Wasser einrühren. Abgedeckt ca. 1 Std. stehen lassen. Zwiebelsamen unterrühren. Im Hörncheneisen auf Stufe 4,5 (von 5) backen, jeweils 2 TL Teig füllen die Eisenfläche aus.

Dinkelcracker mit Leinsamen

- 80 g Dinkel, fein mahlen
- 105 g Wasser
- 5 g Sonnenblumenöl
- 15 g Leinsamen
- 3 g Gemüsesalz
- 1 gute Prise Paprika edelsüß

Alles in einer kleinen Schüssel mit einer Gabel verrühren und für mindestens 30 Min. quellen lassen. Auf Stufe 4,5 (von 5) backen.

Peperoni-Cracker scharf

- 50 g Dinkel und
- 50 g Weizen mischen, fein mahlen, mit
- 1 TL Salz mischen.
- 10 g Essigpeperoni in
- 165 g Wasser in einem kleinen Mixer 1 Min. schlagen, mit
- 140 g Olivenöl portionsweise mit einem Schneebesen unter den Teig rühren.

Bei Stufe 4,5-5 (von 5) backen; noch weiche Cracker lassen sich zum Schluss nachbacken.

Pestocracker

- 100 g Blumenkohlpesto (oder ein anderes Pesto)
- 120 g Wasser
- 120 g Dinkel, fein mahlen
- 5 g Olivenöl
- 2 g Gemüsesalz

Alle Zutaten mit einer Gabel gut verrühren und mindestens 30 Min. quellen lassen. Mit einem Esslöffel Teig in das Hörncheneisen geben, gut zudrücken und auf Stufe 4 (von 5) backen.

Röstzwiebelcracker

- 60 g Zwiebel, fein würfeln
- 5 g Erdnussöl
- 100 g Dinkel, fein mahlen
- 110 g Wasser
- 8 g Olivenöl
- 4 g Kräutersalz
- 1 gute Prise schw. Pfeffer

Erdnussöl in einer Pfanne erhitzen, Zwiebelwürfel darin anbraten, bis sie Farbe bekommen. Auskühlen lassen. Weiter wie für Pestocracker beschrieben. Backen auf Stufe 4-4,5 (von 5).

Tomate-Basilikum-Cracker

- 80 g Dinkel, fein mahlen
- 8 g Basilikumblätter
- 40 g Tomate
- 45 g Wasser
- 6 g Olivenöl
- 2 g Kräutersalz
- 1 Prise Chili
- 1 Prise Paprikapulver
- 1 Prise Pfeffer

Basilikumblätter mit grob vorgeschnittener Tomate in einem kleinen Mixbecher pürieren. Püree in eine Schale geben, den Mixbecher mit dem Wasser sauber spülen und dieses Wasser mit in die Schale geben. Restliche Zutaten zugeben, mit einer Gabel gut verrühren und 30 Min. quellen lassen. Mit einem TL Teig abstechen und im Hörncheneisen bei Stufe 3,5-4 (von 5) backen.

Cracker mit Röstsesam

- 85 g Emmer, fein gemahlen
- 30 g Sesam, trocken in der Pfanne geröstet
- 120 g Wasser
- 2 g Salz
- 1 Prise Pfeffer

Gerösteten Sesam abkühlen lassen und im Mörser oder kleinen Mixer mahlen. Alle Zutaten mit einer Gabel gut verrühren. Mindestens 30 Min. quellen lassen. Je einen TL Teig auf das Hörncheneisen geben und auf Stufe 3-3,5 (von 5) backen.

Cracker – süß

Cracker zu Eis

Knetteig:
- 35 g Dinkel fein gemahlen
- 15 g Buchweizen, fein gemahlen
- 15 g flüssiger Honig
- 10 g Kokosöl
- 5 g Kokosraspeln
- 10 g Wasser
- 2 Prisen Orangenschalensalz
- 1/2 TL gem. Zimt

Backen auf Stufe 1,5-2 (von 5), sie werden super.

Eishörnchen

Rührteig:
- 50 g Nackthafer, geflockt
- 1 Prise Salz (2 g) mischen; hinzugeben
- 10 g Mandelöl
- 20 g Dinkel, fein gemahlen
- 1 LS Vanillepulver
- 20 g Honig
- 75 g Wasser, verrühren

Je 1 TL in die Maschine geben, gut zudrücken. Auf Stufe 2-3 (von 5) backen. Nach dem Backen noch im Eisen rollen.

Haferrollen

Backen gleichmäßig, werden sehr hell. Vorsicht mit Honig im Teig: sie lassen sich schnell rollen, werden aber sehr viel schneller braun. Rührteig:

- 20 g Nackthafer, fein gemahlen
- 1 Prise Salz (2 g) mischen; hinzugeben
- 6 g Sonnenblumenöl
- 20 g Wasser, verrühren

Je 1 EL Teig in die Maschine geben, gut zudrücken. Stufe 4 (von 5).

Süße Kastanienwaffeln

- 30 g Kastanienmehl
- 30 g Dinkel, fein gemahlen
- 65 g Wasser
- 1 Prise Salz
- 20 g Honig
- 10 g Sonnenblumenöl

Alle Zutaten miteinander verrühren und 30 Min. quellen lassen. Mit einem Esslöffel einen Teigklecks auf das Hörncheneisen geben, gut zudrücken und bei Stufe 1,5 (von 5) backen.

Walnusswaffeln

- 50 g Dinkel, fein gemahlen
- 20 g Honig
- 15 g Sonnenblumenöl
- 45 g Wasser
- 20 g gem. Walnüsse (kleiner Mixer, hochstehendes Messer)
- 1 Prise Salz
- Zimt

Alles mit einer Gabel verrühren, 30 Min. quellen lassen. Einen Teigklecks ins Hörncheneisen geben, gut zudrücken und bei Stufe 1,5 (von 5) backen.

Haselnusswaffeln

- 25 g Haselnüsse, im kleinen Mixer fein gemahlen
- 45 g Dinkel, fein gemahlen
- 10 g Naturreis, fein gemahlen
- 15 g Honig
- 50 g Wasser
- 5 g Sonnenblumenöl
- 1 Prise Salz
- 1 gute Prise Zimt

Alle Zutaten mit einer Gabel vermengen, 30 Min. ruhen lassen. Je einen TL vom Teig abstechen und auf Stufe 2,5 (von 5) im Hörncheneisen backen.

Knusperröllchen mit Nougatfüllung

Walnusswaffeln:
- 100 g Dinkel, fein gemahlen
- 40 g Honig
- 30 g Sonnenblumenöl
- 90 g Wasser
- 40 g Walnüsse, im kleinen Mixer gemahlen
- 1 Prise Salz
- 1 gute Prise Zimt

Mit einer Gabel verrühren, 30 Min. quellen lassen. Einen Teigklecks ins Hörcheneisen geben, gut zudrücken und bei Stufe 1,5 (von 5) backen. Nach dem Backen sofort zu Röllchen drehen und auskühlen lassen.

Nougatmasse:
- 35 g Haselnüsse, in trockener Pfanne rösten und fein hacken
- 40 g Sonnenblumenkernpaste
- 50 g Cashewnussmus
- 5 g Kakaopulver
- 1 TL Getreidekaffeepulver
- 50 g flüssiger Honig

Mit der Hand verkneten, vorsichtig in die Waffelröllchen drücken.

Hirsewaffeln mit Vanille

- 45 g Hirse, fein mahlen
- 25 g Naturreis, fein mahlen
- 15 g Honig
- 1/2 TL Vanillepulver
- 60 g Wasser
- 7 g Sonnenblumenöl
- 1 Prise Salz

Alles in einer kleinen Schüssel mit der Gabel verrühren und 30 Min. quellen lassen. Mit einem TL Teig in das Hörncheneisen geben und auf Stufe 1,5 (von 5) backen.

Mohnwaffeln

- 40 g Dinkel, fein mahlen
- 10 g Mohn, flocken
- 10 g Nackthafer, flocken
- 50 g Wasser
- 10 g Honig
- 5 g Sonnenblumenöl
- 1 Prise Salz

Zubereitung wie Hirsewaffeln (oben), backen auf Stufe 2 (von 5).

Vegane Kakaowaffeln

- 10 g Nackthafer
- 25 g Dinkel
- 20 g Mandeln
- 10 g Kokosöl
- 15 g Rosinen
- 30 g + 10 g Wasser
- 1 g Kakaopulver
- 1 Prise Salz

Rosinen 15 Min. in 30 g Wasser einweichen. Im kleinen Mixer pürieren und umfüllen. Reste im Becher mit 10 g Wasser ausspülen und zum Teig geben. Weiter wie bei Mohnwaffeln beschrieben.

Was ist denn das?

Die hier vorgestellten Rezepte kann jeder nachmachen, so betone ich ja schon im Titel. Nicht alle Leser und Leserinnen dieses Buchs sind also notwendigerweise Vollwertler, Rohköstler oder Veganer oder wissen überhaupt, was das bedeutet. Diesem Leserkreis sind die folgenden Erläuterungen gewidmet. Wer dies schon in einem anderen Buch gelesen hat: Der kann sich das sparen.

Das Vollwert-Einmaleins

Das vollwertige Leben ist einfacher, als viele denken. Die Grundzüge der Vollwerternährung lassen sich kurz zusammenfassen. Da gibt es einmal den Satz von Prof. Werner Kollath (1892-1970): „Lasst unsere Nahrung so natürlich wie möglich." Daraus folgt, dass wir viel Frisches essen und Verarbeitung, vor allem industrielle Verarbeitung, meiden sollen.

Dr. Max Otto Bruker (1909-2001) hat darauf aufbauend die vier „JA" und die vier „NEIN" der Vollwertkost erarbeitet:

NEIN: Vermeiden sollen wir:
- Industriezucker (weißer Zucker, brauner Zucker, Dicksäfte usw.)
- Auszugsmehle
- Industriefette (also auch Margarine)
- Säfte (dies gilt vor allem für empfindliche Menschen)

JA: Jeden Tag zu uns nehmen sollen wir:
- ein Frischkorngericht
- Vollkornbrot
- frisches Obst und Gemüse (mindestens 30 %, möglichst 50 bis 70 % unseres Essens sollten frisch sein)
- gesunde Fette (kaltgepresste Öle, Butter, Sahne)

Zwei Fragen, die dann häufig gestellt werden:
- Womit wird gesüßt? Antwort: Mit kalt geschleudertem Honig oder mit Trockenfrüchten.

- Warum sind Säfte schädlich? Antwort: Es sind konzentrierte Lebensmittel, die den Körper mit Vitalstoffen überschwemmen, die er kaum verarbeiten kann und die dann vor allem bei Empfindlichen Schwierigkeiten bereiten. Beispiel: In einem Glas Orangensaft, das wir ja relativ schnell trinken, stecken mehrere Apfelsinen, zu deren Verzehr wir wesentlich länger benötigen würden. Außerdem fehlt meist auch noch das Fruchtfleisch, das viele wertvolle Stoffe enthält.

Vegane Ernährung

Veganer verwenden und essen nichts vom Tier insgesamt. Das heißt, lehnen auch den Verzehr von Honig ab. Da die vegane Einstellung ethisch, und nicht gesundheitsbedingt begründet ist, gibt es viele Veganer, die sich um den Wert ihrer Ernährung weiter keine Gedanken machen. Sie ersetzen zum Beispiel einfach den Honig durch Zucker. Vegan lebende Vollwertler sind bei den Süßungsmitteln auf Trockenfrüchte beschränkt.

Ob ein Lebensmittel vegan ist, hängt manchmal an einem Detail. So werden viele Essige mit Gelatine geklärt. Aber wer weiß das schon? Und Gelatine ist ja ein Tierprodukt.

Tiereiweißfreie Ernährung

Bei „tiereiweißfrei" müssen wir unterscheiden zwischen der völligen (= 100%igen) Tiereiweißfreiheit und der tiereiweißfreien Vollwerternährung nach Dr. Bruker. Die Bezeichnung „100 % tiereiweißfrei" ist selbsterklärend, wir könnten auch andersherum sagen: Wer sich 100 % tiereiweißfrei ernährt, ist ein Veganer, der Honig akzeptiert.

Dr. Bruker lässt in der tiereiweißfreien Ernährung (vor allem wichtig für Allergiker und Rheumatiker) Produkte wie Butter, Sahne, Creme fraiche und Schmand zu, weil der Eiweißanteil dieser Lebensmittel im Produkt und dann auf die Gesamternährung bezogen vernachlässigbar gering ist.

Rohkost-Ernährung

Die Definition von Rohkost ist ganz einfach: Ein Rohköstler isst nichts, was irgendwann in der Herstellungskette über 40-42 °C erhitzt wurde. Über dieser Temperatur wird Eiweiß denaturiert, oder vereinfacht ausgedrückt: Über dieser Temperatur stirbt das Wertvolle im Lebensmittel ab. Die Rohkost wird in verschiedenen Ausrichtungen praktiziert, die Grunddefinition ist immer gleich.

Für den Anfänger ist das manchmal nicht so einfach, weil er denkt: Na, meine Sahne steht doch immer im Kühlschrank! Wir müssen erst lernen, wie viele Produkte doch erhitzt werden, bevor sie in unserer Einkaufstasche landen.

Austauschtabelle

Hier finden Sie für alle Dinge, die nicht in jedermanns Haushalt stehen oder die vielleicht unbekannt sind, eine Erklärung, eine Alternative oder eine kleine Herstellungsanweisung.

Agavennektar
Alternatives Süßungsmittel für vegane Vollwertler, die unbedingt auf Honig verzichten wollen und nicht nur Trockenfrüchte verwenden möchten.

Akazienhonig
Flüssiger Honig mit neutralem Geschmack. Lässt sich in den meisten Rezepten durch anderen Honig ersetzen, nur sehr empfindliche Menschen schmecken den Unterschied. Wer flüssigen Honig benötigt, aber keinen Akazienhonig zur Hand hat, kann den festen Honig bei kleinster Temperatur in einer Pfanne zerlassen.

Alfalfa-Samen
Häufig anzufindende Saaten zum Keimen, nicht sehr scharf. Ersatz: andere feine Samen.

Amaranth
Siehe Buchweizen

Apfelessig
Laut Tierrechtskochbuch ist für Veganer Obstessig, beispielsweise naturtrüber, ungefilteter Apfelessig geeignet.

Basmatireis
Jeder andere Naturreis geht ebenfalls.

Blumenkohlpesto
45 g Cashewnüsse hacken (z.B. im Thermomix 5 Sek. auf Stufe 8). 390 g Blätter und Strunk vom Blumenkohl, grob vorgeschnitten ebenfalls hacken. 50 g frische Kräuter, vorgeschnitten (Basilikum, Petersilie, Zitronenmelisse, Schnittlauch, Minze) hinzugeben. 15 g Olivenöl, 5 g Kräutersalz, 20 g Zitronensaft, 1 gehackten Knoblauchzehe, Schalenabrieb einer Zitrone, etwas gem. schwarzen Pfeffer zugeben und auf Stufe 9 für 5 Sek. grob pürieren. Auch ein „Food

Prozessor" ist für die Herstellung geeignet. Weiterverwendung: Nudelsoße und Cracker. Ersatz: ein anderes Pesto.

Blütenhonig
Ein halbfester Honig. Ersatz: jeder andere Honig.

Buchara-Weinbeeren
Eine spezielle Weinbeerensorte mit großen dunklen Beeren, die nicht geölt wurden. Im Rahmen dieser Rezepte lassen sie sich mit allen Rosinenarten usw. ersetzen

Buchweizen
Pseudogetreide, kleberfrei. Ähnlich zu verwenden wie Gerste, Amaranth, Quinoa, Hafer usw. Wenn Buchweizen für den „Knack" hinzugegeben wird, kann er durch Hanfsamen ersetzt werden.

Butterkohl
Ersatz: junger Wirsing, Spitzkohl.

Carobpulver
Gemahlene Schoten des Johannisbeerbrotbaums. Ähnlich zu verwenden wie Kakao ohne dessen koffeinartige Wirkung, etwas süßer als Kakao. Notfalls durch Kakao mit mehr Süßungsmittel ersetzen.

Cashewnussmus
Siehe Nussmus

Chili
Sehr scharfes Gewürz, gibt es gemahlen als Pulver, geschreddert als Flocken und als Ganzes. Frische Chilischoten kann man in Essig einlegen. Ersatz: Scharfer Paprika oder Cayennepfeffer.

Cocoscreme
Pürierte Kokosnüsse aus dem Glas. Ersatzweise Kokosraspeln mit etwas Wasser pürieren.

Curry in Rohkostqualität
- 1 TL ungemahlener Koriander
- 1 TL ungemahlener Kümmel
- 4 Kardamom-Schoten

- 1/2 TL Kurkuma gemahlen
- 1/2 TL süßer Paprika

Kardamomsamen aus der Schote puhlen und mit Koriander und Kümmel in einem kleinen Mixer 40 Sekunden mahlen. Die anderen Zutaten hinzugeben, 2 Minuten warten und nochmals 30 Sekunden mahlen. *Ergänzung:* Paprika kann entfallen, der Geschmack bleibt in der Hauptrichtung unverändert. Der gemahlene Kurkuma, den es zu kaufen gibt, hat keine Rohkostqualität. In vereinzelten Indienshops gibt es Kurkumawurzel als ganzes zu kaufen, die man dann selbst mahlen kann.

Drachenfrüchte
Trockenfrüchte, die Gerichten eine starke lila Farbe geben. Ersatz, wenn es nicht auf die Farbe ankommt: alle anderen Trockenfrüchte

Einkorn
Alte kleberreiche Getreidesorte, lässt sich wie Hafer gut flocken. Ersatz: Weizen oder Dinkel.

Emmer
Kleberreiches Getreide. Ersatz: Hartweizen.

Erdnussöl
Ein hochwertiges Erdnussöl ist gut zum Anbraten, ähnlich wie Kokosöl (siehe dort).

Essig
Siehe Apfelessig.

Essigpeperoni
In Essig eingelegte, in Ringe geschnittene Peperoni.

Gemüsesalz
Über einige Wochen immer Gemüse-, Petersilien- und Kräuterreste sammeln und trocknen (entweder an der Luft oder jeweils über mehr als 24 Stunden bei 40 °C im Dörrautomaten, damit sie wirklich trocken sind). Getrocknetes Gemüse im Thermomix oder Mixer gründlich zerhacken lassen, Salz hinzugeben und nochmals laufen lassen. In Schraubgläser füllen. Das Verhältnis getrocknetes Gemüse zu Salz beträgt 1:4, also z.B. 80 g getr. Gemüse auf 320 g Salz. Ersatz: Kräutersalz oder normales Salz.

Goldener Leinsamen

Eine beige-goldene Variante. Enthält wohl noch mehr Vitalstoffe. Ersatz: brauner Leinsamen, der jedoch etwas intensiver schmeckt.

Granniger Kreuzritterweizen

Eine alte Weizenart. Ersatz: normaler Weizen

Grüne Rosinen

Rosinenart aus dem Iran oder Usbekistan. Süßlicher und aromatischer als normale Rosinen.

Hanfsamen

Ersatz: Buchweizen

Hartweizen

siehe Emmer

Haselnussmus

Herstellung und Austausch siehe Nussmus

Ingwer in Honig

Frischen Ingwer in Scheiben schneiden, locker in ein leeres Glas mit Schraubdeckel füllen. Flüssigen Honig dazu geben. Auch im Kühlschrank ist die Haltbarkeit begrenzt (1-2 Monate), daher besser den Bedarf vorher gut überdenken. Auch sehr schön ist eine Mischung aus Ingwer und Honig aus dem Mixer, aber so „aufgebrochen", hält sich der Ingwer noch schlechter (3-4 Wochen).

Inkabeeren

Siehe Physalis

Kakaobohnen

Wegen der Haltbarkeit meist fermentiert. Ersatz: Kakao-Nibs (siehe dort)

Kakao-Nibs

Geschälte, in grobe Stücke gehackte Kakaobohnen. Außer zur Dekoration lassen sie sich vor allem bei Verwendung eines Hochleistungsmixer gut durch Kakaobohnen ersetzen. Wer nur Kakaopulver hat, muss bei der Dosierung aufpassen: Das Pulver ist intensiver.

Kakaopulver

Der Vollwertler achtet auf schwach entölte Qualität. Schwach entölt bedeutet nämlich, dass der Kakao weniger bearbeitet wurde als ein stark entöltes Pulver, dem logischerweise mehr Öl entzogen wurde. Es gibt auch Kakaopulver in Rohkostqualität. Lässt sich nur bei Verwendung starker Mixer durch Nibs oder Bohnen ersetzen.

Knoblauch-Ingwer-Paste

Eine Mischung aus frischem Knoblauch, Ingwer, Salz und Öl. Ersatz: Knoblauch und Ingwer frisch gerieben.

Kokos-Nusscreme

siehe Cocoscreme

Kokosöl

Wenn nativ und kaltgepresst, ein sehr gutes Fett, das im Kühlschrank hart wird. Eines der wenigen Öle, die sich trotz kalter Pressung zum Braten eignen.

Kräutersalz

Herstellung wie Gemüsesalz, siehe dort, jedoch ausschließlich mit Kräutern. Ersatz: Gemüsesalz oder einfaches Salz.

Kürbiskernmus

Gibt es gelegentlich auch fertig zu kaufen; Ersatz (wenn erst noch gemixt werden soll): Kürbiskerne. Sonst ein anderes herberes Nussmus.

Lila Maismehl

Wird in einigen Rohkost-Shops angeboten. Entweder weglassen oder durch gelbes Maismehl ersetzen.

Mandarinat

Aus Mandarinenschale hergestellt; siehe Orangeat.

Mandelmus

Siehe Nussmus

Mandelöl

Siehe Walnussöl

Mandeln, geraffelt

Mit einer Gemüse-/Nusstrommel raffeln, im Food Prozessor mit der Gemüsescheibe schneiden. Ersatz: gehackte/gemahlene Nüsse.

Mangold

Blattgemüse. Ersatz: Spinat.

Mango-Schale getr.

Da man Mangos vor dem Verzehr meist schält (angeblich kann man sie auch mit Schale essen, aber nicht jeder mag das), kann man die dünnen Schalen einfach auf der Heizung trocknen oder auch im Dörrgerät (um Rohkostqualität zu wahren). Wer einen ausreichenden Vorrat hat, kann die getrockneten Schalen mahlen. So erhält man ein in der indischen Küche gerne verwendetes Gewürz

Maronen

Andere Bezeichnung für Esskastanien. Der Geschmack lässt sich nicht ersetzen. Für die Konsistenz kann man ein Nussmus nehmen.

Maulbeeren

Hier meist als Trockenfrüchte erhältlich. Ihr Geschmack ähnelt etwa dem von Rosinen, hinterlässt jedoch keinen Nachgeschmack. Ersatz: Rosinen.

Moussierte Zitronenschale

Abgeschälte Zitronenschale (mit Weiß noch daran heftend) in flüssigen Honig einlegen. Außerhalb des Kühlschranks stehen lassen, nach einer Weile „gärt" die Zitrone. Ersatz: Zitronenschalenabrieb und etwas -saft.

Nacktgerste

Keimfähige Form der Gerste, Ersatz: Nackthafer (siehe dort)

Nackthafer

Keimfähige Form des Hafers. Keimfähigkeit von Getreide ist für Vollwertler sehr wichtig. Sehr kleberarmes, quellfähiges Getreide. Ersatz: Nackgerste.

Nussmus

Nussmus kann man fertig kaufen. In Bioqualität hat es auch meist keine Zusätze wie Salz oder (Rohr-)Zucker. Dennoch hat es Vorteile, selbst Nussmus herzustellen: Man kann mischen, seltenere Sorten ausprobieren oder einfach Geld sparen. Nussmus geht am schnellsten in einem Hochleistungsmixer, dann muss man aber mindestens 15-20 % Öl hinzugeben, sonst bekommt man nur eine heiße Paste. Das beste = reine Nussmus gibt es unserer Erfahrung nach aus dem Thermomix, mit dem man sogar Rohkostqualität erzielen kann. In den Rezepten sind die Nussmuse in der Regel untereinander austauschbar, der Geschmack ändert sich zwar, aber nicht dramatisch.

Nusspaste
Nüsse werden so fein gemahlen, dass sie eine glatte Masse bilden, die wie „Knete" formbar ist, sie ist aber nicht flüssig. Pasten lassen sich auch in einfacheren Mixern herstellen, in kleinen Mengen sogar in den ganz kleinen Mixern. Ersatz: Nussmus.

Orangeat
Zitrusfrüchte ganz normal schälen und mit dem weißen Anteil weiterverarbeiten. Mit einem feinen Messer oder einem Gerät wie dem Nicer Dicer, Alligator o.ä. in Würfel schneiden. In ein Honigglas geben und mit flüssigem Honig auffüllen. Hält im Kühlschrank bis zu zwei Jahren; es kann nach einem Jahr leicht gären, was aber der Qualität keinen Abbruch tut. Ersatz: Zitronat, Pampelmusat.

Orangenaroma, flüssig
Gibt es manchmal in Reformhäusern zu kaufen. Besser ist natürlich frisch geriebene Orangenschale, die nicht jeder immerzeit zur Hand hat.

Orangenblütenhonig
Ersatz: Jeder andere Honig.

Orangenschalensalz
Getrocknete Orangenschale mit Salz in beliebigem Verhältnis in einem starken Mixer fein schlagen. Das geht auch schon mit den kleinen im Handel befindlichen Blendern. Ein Verhältnis von 20 g Orangenschale auf 250 g Salz ist zum ersten Austesten gut geeignet.

Pampelmusat
Siehe Orangeat

Physalis
Trockenfrüchte aus Südamerika, recht säuerlich. Ersatz: Rosinen oder Maulbeeren.

Pizzagewürz / Pizzakräuter
Eine Fertigkräutermischung mit dem typischen Pizzageruch. Ersatz: getr. Oregano.

Quinoa
Siehe Buchweizen

Rauer Kreuzritterweizen
Eine alte Weizensort; Ersatz: normaler Weizen oder Dinkel

Rosinen
Da Rosinen etc. meist geölt im Handel sind, empfehlen sich ungeölte Sorten wie Buchara-Weinbeeren oder grüne Rosinen. Das Problem des Öls ist, dass man als Käufer keine Kontrolle über die Ölqualität hat. Ersatz: Weinbeeren, Sultaninen.

Rotkornweizen
Eine Weizenart, deren Körner leicht rötlich sind, auch das Gebäck erhält einen leichten „Farbstich".. Ersatz: Weizen oder Dinkel.

Rum
Siehe „Weinbrand" weiter unten.

Rundkornnaturreis
Ungeschälte Variante des weißen Rundkornreises. Enthält noch viele wertvolle Vitalstoffe unter der Schale.

Schmand
Bei tiereiweißfreier Kost nach Bruker zulässiges Fett. Ersatz: Creme fraiche (Bio, weil nicht-Bioware auch undeklarierte Zucker u.ä. enthalten darf). Ersatz für Veganer: Cashew und Wasser 1:1 mixen.

Schwarzkümmel
Nicht mit Kümmel und Kreuzkümmel verwandt, häufig auf Fladen verwendet. Ersatz: Sesam.

Schwarzer Einkorn
Alte Einkornsorte, im Gebrauch gibt sie sich eher wie Emmer.

Sechskorngetreide

Mischung aus sechs verschiedenen Getreiden, z.b. Weizen, Gerste, Roggen, Dinkel, Hirse und Nackthafer.

Sonnenblumenkernmus

Wie Nussmus herzustellen; gibt es gelegentlich auch zu kaufen. Ersatz: anderes Nussmus oder Sonnenblumenkerne.

Sonnenblumenkernpaste

Siehe Nusspaste.

Sojabohnen

Uns ist es hier sehr wichtig, nur in Deutschland hergestellte Bohnen zu verwenden. Sie schmecken besser und sind von einem Biobauern garantiert ohne Gentechnik produziert. Eine Bezugsquelle (Stand 2013) gibt es über die Seite http://www.vollwertkochbuch.de. Die üblichen Sojabohnen von den großen Firmen schmecken deutlich anders! Wer nicht beim Biohof Lex kaufen möchte, sollte dann als Ersatz besser weiße Bohnen nehmen.

Speisemais

Nicht zu verwechseln mit Popcorn-Mais, die beiden Sorten sind in Rezepten nicht austauschbar. Ersatz: Getreideflocken, es ist dann unter Umständen erforderlich, die Flüssigkeitsmenge anzupassen.

Sprossen

Sprossen / keimen lassen sich Ölsaaten (z.B. Sonnenblumenkerne), Hülsenfrüchte (Linsen, Erbsen, Bohnen) und Getreide. Es gibt noch mehr, aber dies sind die Dinge, mit denen ich persönlich Erfahrungen gesammelt habe. Hülsenfrüchte sind nicht alle gekeimt roh genießbar - aber eine Erbsensuppe aus Erbsensprossen ist in einer halbe Stunde fertig und schmeckt köstlich.

Sprossen geht auch ohne komplizierte Geräte. Die einfachste Methode ist (demonstriert an Dinkel):

- In einer kleinen Schüssel drei Esslöffel Dinkel gut mit Wasser bedecken und über Nacht einweichen.
- Morgens die Körner in einem Sieb abspülen und ohne Wasser in der Schüssel stehen lassen.
- Abends nochmals 1-2 Stunden einweichen, dann abspülen und wieder bis zum nächsten Tag stehen lassen.

- Dann immer abends und morgens in einem Sieb gut durchspülen, bis die Keime lang genug sind.

Gut eignen sich zum Keimen auch die Biosnacky-Gläser, dann ist kein Sieb erforderlich. Die Methode ist prinzipiell dieselbe:

- Im Biosnacky-Glas 3 EL Weizen gut mit Wasser bedecken und über Nacht einweichen (Glas steht senkrecht).
- Morgens das Wasser abgießen, durchspülen und Glas schräg stellen.
- Abends und morgens jeweils durchspülen und Glas wieder schräg stellen.
- Nach 48 bis 60 Stunden sind Weizenkeime genug entwickelt.

Sternanis
Nicht zu verwechseln mit Anis! Sternanis wird gerne in der asiatischen Küche verwendet.

Süßkirschen, getrocknet
Ersatz: Rosinen.

Tandoor-Gewürzmischung
Eine indische Gewürzmischung der Firma Brecht. Ersatz: Curry.

Tonka-Bohnen
Manche halten Tonka-Bohnen für einen Vanilleersatz, sie sind aber deutlich fruchtiger. Wegen des Cumarin-Gehaltes sollte der Verzehr nur in kleinen Mengen erfolgen.

Triticale
Es ist eine Kreuzung aus Weizen (Triticum aestivum L.) als weiblichem und Roggen (Secale cereale L.) als männlichem Partner.

Viernussmus
Ein Nussmus aus vier verschiedenen Nusssorten, Herstellung siehe Nussmus.

Waldhonig
Dunkler Honig mit starkem Aroma. Ersatz: jeder andere Honig.

Walnussöl
Kann durch jedes andere Nussöl ersetzt werden, wenn man die leichte Geschmacksänderung akzeptiert.

Weinbeeren
Siehe Rosinen

Weinbrand
Als Alkohol nicht wirklich vollwertig, in kleinen Mengen als Gewürz einge-setzt, halten wir ihn für vertretbar. Ersatz: Rum oder – wenn Alkohol kom-plett gemieden werden soll – Fruchtsaft.

Weinstein-Backpulver
Ohne künstliche Zusätze.

Wildroggen
Eine alte Roggensorte. Ersatz: Roggen.

Zitronat
Siehe Orangeat

Zitrone getrocknet und gepresst
Nach dem Auspressen zur Saftgewinnung auf der Heizung trocknen las-sen. Haltbarkeit ist begrenzt, weil die unvermeidliche Restfeuchte die Zit-rone schimmeln lässt.

Zitronenschale, moussiert
siehe „moussierte Zitronenschale

Zitronenschaum
Zwei Zitronen schälen (in etwa so, wie man auch Apfelsinen schält), hal-bieren und den weißen Streifen in der Mitte entfernen. Dann mit einem scharfen Messer jede Hälfte in dünne Scheiben schneiden - dabei lassen sich die Kerne gut „herausfischen". Austretenden Saft und das gesamte Fruchtfleisch in den kleine Mixbecher eines Mixers geben und sehr gut verschlagen. Es gibt sich eine schaumige Masse. Becher zuschrauben und im Kühlschrank aufbewahren.

Haltbarkeit beträgt etwa eine Woche. Wenn in einem Rezept „Zitronensaft" angegeben ist, vom Schaum nur etwa die Hälfte nehmen, da er intensiver ist. Man kann auch pro Zitrone etwa 50 ml Wasser mitmischen. Dann lässt sich das gut strecken (= sparen). Wenn es sich um ungespritze Biozitronen handelt, lassen sich die Schalen noch weiterverwerten als geriebene Scha-len oder auch als Zitronat.

Lebensläufe

Ute-Marion Wilkesmann

Lebenslauf

Von Beruf bin ich Fachübersetzerin für Medizin und Pharma. Der Weg dorthin war ähnlich verschlungen wie mein Weg zu einer gesunden Ernährung: Nach dem Abitur Grafik-Design-Studium („Visuelle Kommunikation") in Wuppertal, danach Islamwissenschaften in Köln. In meiner Kölner Zeit habe ich in verschiedenen Instituten und Übersetzungsbüros gearbeitet. Damals traf ich Eric Mark Charlton, mit dem ich 1984 die Firma „Charlton & Wilkesmann: Fachübersetzungen Medizin, Pharma, Chemie" gegründet habe. Wir sind bis heute Partner in diesem Unternehmen.

Meine Aktivitäten für die Vollwert

Auf meiner Webseite http://www.vollwertkochbuch.de hatte ich bis September 2012 gut 5000 Rezepte eingestellt, die auch wirklich nachvollziehbar sind, denn jedes Rezept habe ich während der Zubereitung dokumentiert und fotografiert. Außerdem habe ich viele Rezepte auf YouTube vorgestellt.

Angeregt durch die vielen Besucher auf meiner Webseite habe ich 2007 begonnen, Bücher zu schreiben. Dort finde ich die Gelegenheit, mit Kochen und Backen das zu kombinieren, was mir Freude macht: verbal und graphisch gestalten.

Seit Mai 2009 veröffentliche ich täglich kleine Artikel über Dinge, die mich bewegen, auf einem Blog: http://vollwert.wordpress.com. Themen sind hauptsächlich: Gesundheit, Medien, Wissenschaft sowie natürlich Lebensmittel und alles, was damit zusammenhängt.

Seit August 2010 führe ich einen weiteren Blog, der mittlerweile Teil des Vollwertnetzwerkes ist und auf dem Kochaktionen mit den Lesern stattfinden (http://vollwertkost.wordpress.com).

Aus Zeitgründen beantworte ich Fragen am liebsten telefonisch. Die Zeiten der Telefonstunde sowie die Telefonnummer können Sie auf meiner Webseite http://www.vollwertkochbuch.de nachlesen unter der Überschrift „Frag doch mal die Ute...".

Meine Bücher

Folgende Bücher sind bisher von mir allein erschienen (in alphabetischer Reihenfolge):

- Brötchen statt Brot: Von Rohkost über vegan bis vollwertig backen, 2012 (unveränderte Neuauflage) BOD

- Gemüse in aller Munde: Mehr als 290 vegetarisch-vollwertige Köstlichkeiten, 2012 (unveränderte Neuauflage) BOD

- Hartz IV in aller Munde: 31 Tage Vollwertkost bei knapper Kasse, 2009 BOD

- Immer öfter vegetarisch, 2012 Dort-Hagenhausen-Verlag

- Indisch inspiriert, 2013 Dort-Hagenhausen-Verlag

- Konfekt statt Sünde: 100 Naschereien aus der Vollwertküche, 2012 (unveränderte Neuauflage) BOD

- Mein Kollege kocht Vollwert: Ein Mann im Kampf mit Küche und PC, 2010 BOD

- OneBBO's Castle lädt ein: Schau uns über die Schulter, 2007 BOD (vergriffen)

- Rohkost statt Fasten: Ein Rohkosttagebuch für Normalos, 2012 (unveränderte Neuauflage) BOD

- Schokolade: Pralinenträume: Für Rohkost. Vollwert. Für Alle. 2012 (unveränderter Nachdruck) BOD

- Schrot statt Schrott: 365 mal Frischkorn zum vollwertigen Frühstück, 2012 (unveränderte Neuauflage) BOD

- Vollwert? Gold wert! Tipps für Anfänger, Interessierte und Zweifler, 2009 BOD

Barbara Sedelmaier

Lebenslauf

Von Beruf bin ich Ergotherapeutin. Mein Mann ist Logopäde, wir betreiben zusammen eine eigene Praxis.

Mein Berufswunsch stand für mich schon früh fest. Nach dem Fachabitur habe ich meine Ausbildung in München absolviert und bis zur Eröffnung unserer eigenen Praxis (2005) in angestellter Position gearbeitet.

Über die Beschäftigung mit Gesundheit, Krankheit und den jeweils dazu führenden Faktoren bin ich auf ein Buch und die Homepage von Ute-Marion Wilkesmann gestoßen. Das Buch „Unsere Nahrung - unser Schicksal" von Dr. Max Otto Bruker brachte mich dann endgültig zum Umdenken. Quasi im Experiment am eigenen Körper konnte ich nach meiner Ernährungsumstellung 2007 erleben, wie sich mein Wohlbefinden Schritt für Schritt dadurch steigern ließ und verschiedene Befindlichkeitsstörungen verschwanden. Das war für mich Grund genug von diesem Weg nicht mehr abzurücken.

Meine Aktivitäten für die Vollwert

Seit November 2012 stelle ich auf einem Vollwert-Blog (http://ichessevollwertig.wordpress.com) Rezepte aus meiner Küche vor.

Dies ist mein erstes Buch :-)

Rezepteregister